BATTLECRY

소비자를 사로잡는

슬로건

로라 리스 지음 · 이희복 옮김

한울

이 도서의 국립중앙도서관 출판예정도서목록(CIP)은 서지정보유통지원시스템 홈페이지(http://seoji.nl.go.kr)와
국가자료공동목록시스템(http://www.nl.go.kr/kolisnet)에서 이용하실 수 있습니다.
CIP제어번호 : CIP2018016412(양장), CIP2018016413(학생판)

BATTLECRY

Winning the battle for the mind
with a slogan that kills

LAURA RIES(Author) I AL RIES(Preface)

Battlecry

Winning the battle for the mind with a slogan that kills

by Laura Ries

차 례

옮긴이의 말

'슬로건' 하면 현업 시절이 떠오른다. 광고주를 영입하기 위해 크고 작은 프레젠테이션을 준비해야 했던 그때, 성패를 좌우하던 것은 언제나 한 줄의 슬로건이었다. 좀 더 정확히 말하면 광고 전략이었다. 그러나 전략은 파워포인트 문서로 한 시간여 동안 설명해야 내용을 전달할 수 있지만, 슬로건은 단 몇 초면 가부가 판가름 났다. 그래서인지 잘되면 전략, 안되면 슬로건이 덤터기를 썼다. 슬로건 작성에서 일차적 책임을 지는 카피라이터로서는 안타까운 부분이었다. 세월이 흘러 학교에서 학생들과 과제를 함께 하거나 공모전을 지도할 때도 같은 경험을 반복했다. 좋은 아이디어나 콘셉트, 전략도 슬로건으로 표현되지 못하면 제대로 전달할 수 없다. 성격은 다르지만, 소비자를 대상으로 할 때도 마찬가지다.

슬로건의 중요성은 그때보다 더 커졌다. 기업은 물론이고 도시, 국가, 대학, 비영리단체 등 공공 영역에서도 브랜딩이 강조되면서 슬로건의 역할이 커지고 있다. 그동안 여러 책과 논문을 접하며 연구와 교육에 전념해왔지만, 부족함과 허전함을 채우지 못하고 있던 터에 이 책을 손에 넣었다. 비주얼을 강조한 『시장을 움직이는 비주얼 해머(Visual Hammer)』와 함께 출간되어 슬로건의 중요성을 강조한 이 책의 원서 제목이 슬로건이 아닌 '전장의 함성(Battlecry)'인 것도, 저자인 로라 리스가 이런 치열함에 공감했기 때문은 아닐까?

〈브레이브 하트(Brave Heart)〉의 장면을 떠올리면 원서의 제목이 좀더 쉽게 이해될 것이다. 이 영화는 북부 스코틀랜드에 뿌리내린 켈트족과 남쪽의 앵글로색슨족이 대치하는 장면에서 시작된다. 멜 깁슨(Mel Gibson)이 연기한 영웅 '윌리엄 윌러스(William Wallace)'가 '스털링 다리 전투'에서 용맹스럽게 싸워 영국군을 무찌르는 장면은 전장의 함성과 함께 인상적인 이미지로 남아 있다. 이 전쟁은 말 그대로 전장의 함성, 즉 슬로건이 승부를 가른 전쟁이었다. 슬로건은 적과의 일전을 앞두고 마을과 영웅의 이름을 외쳐 사기를 진작하고 단결을 도모한 것에서 시작되었다.

오늘날 매스미디어와 스마트미디어, 광고와 콘텐츠를 넘어 소비자의 인식 속 전장에서도 여전히 슬로건이 활용되고 있다. 실무자는 물론이고 연구자와 정책 담당자들의 슬로건에 대한 관심과 갈증은 여전하지만, 핵심을 담은 관련 저서는 별로 없다. 이것이 바로 이 책을 번역하기로 결심한 이유였다. 그러나 책의 두께에 비해 우리말로 옮기는 과정은 매우 험난했다. 책에 실린 사례 중에는 생소한 브랜드와 캠페인이 많아 하나하나 확인하는 과정이 필요했다. 또한 영어로 쓰인 슬로건을 우리말로 옮기다 보니, 그 특유의 어감을 제대로 구현할 수 없었다. 미국인이 우리 슬로건의 맛을 있는 그대로 느끼지 못하는 것처럼 말이다. 그렇지만 독자들의 갈증을 푸는 데 조금이라도 보탬이 되고자, 용기를 내어 최대한 노력해보았다. 이런 노력에도 잡지 못한 오역은 온전히 옮긴이의 몫이다.

총 11개 장으로 구성된 이 책은 단어와 소리, 추상성과 구체성, 판매와 대화, 태그라인과 슬로건 등 대척되는 개념을 상응시켜 기본적인 이해를 돕는다. 또한 소비자를 사로잡는 슬로건에 필요한 각운, 두운, 반복, 대조법, 중의법이라는 다섯 가지 기법을 사례를 통해 소개한다. 마지막으로 슬로건 작성의 실례와 『시장을 움직이는 비주얼 해머』의 일부를 선보이며 마무리했다. 강의하듯이 써 내려간 책이라 술술 읽히는 장점도 있지만, 국내 서적과는 여러모로 달라 생경한 느낌도 들 것이다.

소비자의 마음을 사로잡는 '슬로건'을 쓸 수 있다면 훌륭한 카피라이터다. 이 책은 첫 장을 펼치는 순간부터 소비자를 사로잡을 방법을 하나하나 들려줄 것이다.

이번에도 책을 내는 데 한울엠플러스(주)의 도움을 받았다. 책의 기획에서 편집까지 부족한 글을 더 좋은 내용으로 완성해 책으로 엮어주었다. 이 책이 학문적 갈증과 마케팅 커뮤니케이션 과제로 씨름하고 있을 이들에게 해결의 실마리가 될 수 있기를 바란다.

이제 독자의 손에 소비자의 마음을 열 열쇠가 쥐어졌다. 그것은 바로 슬로건이다.

2018년 6월
옮긴이 이희복

서문

•

『포지셔닝』의 저자 앨 리스(Al Ries)

저는 60여 개 국가에서 수백 번의 마케팅 강연을 해왔습니다. 대개 강연이 끝나면 청중과 기자들에게 질문을 받습니다. 가장 많이 받은 질문은 무엇이었을까요?

그 질문은 바로 "어떻게 따님인 로라와 함께 일하게 되었습니까?"입니다. 이런 질문을 받으면 "아니요, 제 딸이 저를 선택한 것입니다"라고 답합니다. 다시 생각해봐도 이 말은 사실입니다.

제 딸 로라는 고등학교 시절, 자기 생각을 이해시키는 데 비상한 관심이 있었습니다. 발표 수업이 있을 때, 자신의 발표 내용을 확실히 설명하기 위해 정성 들여 자료를 만들기도 했습니다.

셰익스피어의 삶에 관해 발표하기 위해 35mm 슬라이드 수십 장을 준비한 적도 있습니다.

셰익스피어의 글로브 극장

대학교 진학을 앞두고 제 딸은 미국 마케팅 분야에서 가장 평판이 높은 노스웨스턴 대학을 선택했습니다. 1993년 '수석'으로 노스웨스턴 대학을 졸업한 후에는 뉴욕에 있는 광고 회사 TBWA에 입사해 광고 기획자(AE)로 근무했습니다. 1994년에는 저와 함께 뉴욕 그레이트넥에서 마케팅 회사인 리스 앤드 리스(Ries & Ries)를 설립해 사업을 시작했고, 1997년에는 조지아주 애틀랜타로 회사를 이전했습니다.

광고 회사는 마케팅 회사에는 없는 장점이 있습니다. 광고주의 광고를 성공시켜 자사의 이름을 높일 수 있습니다(광고주도 이것을 원합니다).

저는 일찍부터 마케팅 회사는 한계가 있다고 생각했습니다. 버거킹을 위해 작업 중이던 아이디어 하나를 제가 바보처럼 잡지사에 말해버렸기 때문에 버거킹은 우리와의 계약을 해지했습니다.

그러면 마케팅 회사는 어떻게 자사를 알릴 수 있을까요? 책과 강연이 있습니다.

실제로 책과 강연은 시너지 효과를 냅니다. 책은 강연을 요청하게 합니다. 강연은 마케팅 컨설팅을 가능하게 합니다. 그래서 마케팅 회사를 창업한 이후 로라와 저는 다섯 권의 마케팅 책을 함께 저술했습니다. 우리가 처음 발간한 책은 『포커스: 당신 회사의 미래는 여기에 달려 있다(Focus: The Future of Your Company Depends on It)』입니다.

목표 없는 브랜드 구축은 불가능하며, 어떤 전략도 만들 수 없습니다. 이것이 우리 회사를 '포커싱 컨설턴트(Focusing Consultants)'라고 부르는 이유입니다.

마케팅 컨설턴트 대부분은 자신만의 일관된 전략이 없습니다. 고객사에 뭔가 해야 한다고 거리낌 없이 말하지만, 그들 나름의 조언은 거의 하지 않습니다. 우리는 컨설팅을 맡긴 고객들이 단 하나의 구상과 개념에 맞춰 그들의 회사를 재조명하도록 돕습니다.

성공한 기업을 살펴보면 하나의 개념적 아이디어를 구축했다는 것을 알 수 있습니다.

델(Dell)	**기업에 직접 판매하는 PC** Personal computers sold direct to businesses
자포스(Zappos)	**무료 배송, 무료 반송** Free shipping, both ways
페덱스(FedEx)	**심야 배송** Overnight delivery

시간이 흐르면서 기업은 핵심보다는 주변을 맴돕니다. 자사와 관련 없는 사업에 뛰어들어 초점을 잃기도 했습니다. 우리가 해온 많은 작업은, 기업이 초심을 되찾게 하는 전략을 개발하도록 돕는 것입니다. 이 작업은 기본으로 되돌아가 브랜드의 핵심 콘셉트를 기억할 만한 슬로건으로 언어화하는 과정입니다.

슬로건은 주요한 주요 기능이 있습니다. 첫째, 소비자의 마음에 브랜드를 새롭게 심어줍니다. 둘째, 기업의 마케팅 담당자들이 전략을 바꾸려는 것을 방지합니다.

잠재 고객의 마음에 브랜드를 효과적으로 자리 잡게 할 슬로건은 어떻게 만들 수 있을까요?

과업을 성취하는 다섯 가지 언어적 기법이 있습니다. 로라는 그 다섯 가지 기법을 상세히 기술했습니다. 이 기법은 기억에 남을 마케팅 슬로건 제작 능력을 향상시킬 것입니다.

기억력은 슬로건 효과의 핵심입니다. 기업의 입장에서 최고의 슬로건은 모두가 기억하며, 브랜드가 연상되도록 하는 것입니다.

독자 여러분도 이 책에 제시된 슬로건 기법을 익혀 평범한 슬로건을 소비자를 사로잡는 효과적인 슬로건으로 바꿀 수 있을 것입니다.

01

단어 대 소리

우리는 단어의 세계에 살고 있다. 일반인은 이메일을 읽거나 그에 답하는 데 하루 중 2시간을 사용한다. 게다가 구글, 페이스북, 트위터, 그리고 관심을 끄는 다른 SNS가 있다. 여기에는 더 많은 단어가 있다.

무언가를 기억하려면, 입으로 말하면서 적는다. 이는 일정표, 구매 희망 목록, 조리법을 적을 때도 마찬가지다. 여기에는 더 더 더 많은 단어가 사용된다.

사람들은 단어가 생각을 전달하는 유일한 방법이라고 믿는다. 우리가 높이 평가하는 대중매체도 언어를 다

The New York Times
Los Angeles Times
The Washington Post
THE WALL STREET JOURNAL.

른다. 신문이나 잡지보다 높이 평가받는 매체는 논픽션 책이다.

저서도 몇 권 없이 미국의 일류 대학에서 최고의 교수로 평가받기란 불가능하다. 그 책이 베스트셀러인가 아닌가는 별개의 문제다.

TV와 라디오는 예능 매체로 인식되지만 과거처럼 대세를 이루지는 못한다.

글자는 강력한 힘이 있다. 말은 인쇄된 문장보다 약하다. 현실을 설명하는 데 그친다. 그러나 현실은 이와 반대다. 말이 더 큰 힘을 얻는다. 글자는 말의 물리적인 재현일 뿐이다.

가령 'O'를 말할 때 입술이 동그랗게 된다. 다른 알파벳 글자도 입안에서 그 소리를 만들어낸다.

말의 2차물인 글자뿐 아니라 단어 자체는 우리가 생각하는 것을 그대로 표현하지 못한다. 머리는 단어가 아닌 소리를 이해할 뿐이다. 게다가 글자는 머리가 이해하기 전에 먼저 소리로 변환된다. 소리는 즉시 이해되지만, 글자가 이해되려면 시간이 걸린다. 이와 같은 지연에는 이유가 있다.

머리는 소리를 다루는 좌뇌와 시각을 다루는 우뇌, 두 개로 이뤄진다. 글자는 우뇌를 통해 머리로 들어와 해독된 뒤, 좌뇌로 보내져 소리로 변환되는 시각적 요소다. 이렇게 되기까지 대략 40mm/sec의 시간이 걸린다.

글자는 시각적이다.
① 글자는 우뇌로 들어와 판독된다.
② 그리고 나서 좌뇌로 보내져 소리로 변환된다.

예를 들어 신호등에서 시각적인
신호가 아니라 단어로 정지신호를 보
낸다면 도로에서 엄청 많은 사망 사고
가 발생할 것이다.

신호등은 '정지' 대신 빨간색, '주행' 대신 파란색, '주의' 대신 노란
색 등을 켜서 시각적으로 알려준다.

시각은 머리의 절반인 우뇌가 담당하며, 언어적으로 바꿀 필요가
없는 상징들을 인식한다. 그래서 신호등의 색깔이 바뀔 때 재빨리 반
응할 수 있다.

이것이 바로 글자를 입력할 때, '독수리 타법'보다 자판을 보지 않
고 입력하는 방식이 더 빠른 이유다. 이 방식으로 입력하는 사람은 키
보드로 입력할 때 오로지 우뇌만 사용한다.

자판을 보지 않고 입력하는 방식을 구사하는 사람들은 글자가 키
보드 어디에 있는지 '시각적으로 인식'하지만, 언어적으로는 설명할
수 없다. 이는 좌뇌의 활동과 연관되어 있기 때문이다.

'독수리 타법'을 구사하는 사람은 먼저 각 글자를 입력하기 위해
좌뇌에서 조직된 동작을 익혀야 한다. 그 후 글자 입력이라는 시각적
인 기능이 수행되는 우뇌에서 그 정보를 한 자 한 자 변환한다.

어린이들이 어떤 식으로 읽기를 배우는지 살펴보자. 그들은 스스
로 이해할 수 있게, 입술을 움직여 시각적 이미지인 글자를 소리로
바꾼다.

어른들은 입술을 움직이지 않지만, 이해하기 전에 시각적 이미지인 글자를 소리로 바꾼다.

'there'와 'their', 'compliment'와 'complement'의 사례를 보자.

두 단어는 스펠링이 다르지만, 소리가 유사해 헷갈린다.

그러나 디저트(dessert)와 데저트
(desert: 사막)는 유사한 단어라도 발음이 다르기 때문에 혼동되지 않는다.

두 단어의 차이는 스펠링이 아니

디저트와 데저트

라 소리다(어떤 사람들은 '달콤한 후식'과 '모래 언덕'의 스펠링을 모른다). 음식점들이 그럽허브닷컴(GrubHub.com)에 게시한 메뉴 중 10%가 디저트의 스펠링을 잘못 표기하고 있다.

기업들은 자사의 광고 메시지를 형성하는 데 '소리'가 중요하다는 것을 잘 이해하고 있는가? 겉으로 보기에는 그렇지 않다.

애틀랜타의 벅헤드에는 수백 가구
의 아파트가 단지를 이루고 있다. 이 아파트의 이름은 엘르(Elle)다.

아파트의 브랜드명으로 잘 어울린다. 엘르는 가장 인기 있는 패션 잡지의 이름이기도 하다.

엘르에 사는 당신에게 누군가가 '어디 사세요'라고 묻는다.

'엘르에 살아요.'

'지옥(hell)에 산다니 안됐군요. 생활이 어렵다더니 그 정도인지는

몰랐네요.'

'아니, 그게 아니라 전 아파트를 말한 거예요, E·L·L·E.'

다 그렇지는 않겠지만, 기업은 같은 오류를 범할 수 있다. 기업은 브랜드명을 플립 차트에 쓰거나 파워포인트의 슬라이드에 나타냄으로써 브랜드명의 잠재성을 가늠할 것이다. 브랜드명을 메모장이나 회사 이메일 양식에 사용하기도 한다. 물론 회사의 모든 인쇄물에 드러내기도 한다.

경영인들은 브랜드명이나 슬로건이 전달하는 소리에는 관심 없이 인쇄물을 만든다.

가장 성공한 레스토랑 회사 치폴레 멕시칸 그릴(Chipotle Mexican Grill)에서 운영하는 새로운 동남아 패스트푸드 가맹점 숍하우스(ShopHouse)를 살펴보자.

숍하우스? 이름은 그림과 같다. 그러나 소비자가 발음할 때는 슬롭하우스(SlopHouse: 구정물 하우스)로 들린다.

레스토랑 가맹점의 이름으로는 뜻이 좋지 않다. 불만을 느낀 소비자가 쓴 「숍하우스는 슬롭하우스」라는 리뷰를 보면 무슨 뜻인지 알 수 있다.

잠재 고객이 숍하우스와 슬롭하우스를 같이 들으면 이 둘은 감성적으로 연결된다. 일단 두 단어가 연결되면 쉽게 잊히지 않는다.

라이트(Lite)는 밀러(Miller)가 만든 새로운 맥주 브랜드다. 라이트는

순식간에 성공을 거두며, 맥주 업계에
서 혁신을 일으켰다.

오늘날 라이트 맥주는 미국 맥주
시장의 65% 이상을 차지한다. 인쇄된
라이트 맥주 브랜드는 버드 라이트(Bud Light), 쿠어스 라이트(Coors Light)
를 비롯해 다른 수십 가지 맥주 브랜드와 구별된다. 맥주가 가장 많이
팔리는 곳은 바나 맥줏집이다.

손님이 '라이트(Lite) 맥주 주세요'라고 종업원에게 주문하면, '어떤
종류의 라이트 비어(light beer: 담색 맥주)를 원하세요?'라고 되물을 것이다.
머리는 라이트(Lite)와 라이트(light)를 같은 것으로 인식한다(머리는 대문자와
소문자를 구별하지 못한다).

마침내 밀러는 작명상의 오류를 깨닫고 라이트에 밀러라는 이름
을 덧붙였다. 그러나 이 브랜드는 초기의 작명 오류를 만회하지 못한
채, 지금은 버드 라이트와 쿠어스 라이트의 뒤를 쫓고 있다.

최근 케이마트(Kmart)는 단어와 소리
사이의 혼동을 이점으로 활용했다. 케
이마트는 고객이 매장에서 찾지 못한
물건을 집으로 무료 배송해주는 새로운
온라인 영상을 만들어 홍보했다. 영상

여기서 바지가 배송되나요?

에서 케이마트의 직원은 의심 많은 고객에게 무료 배송을 설명한다. 케
이마트가 이 TV 광고를 내보낸 첫 주에 1200만 명이 그 영상을 보았다.

케이마트는 다음 영상에서도 이런 방식으로 단어를 사용했는데, 그 것이 단어를 욕설로 들리게 했다. 광고 모델은 케이마트에서 주유를 하 며 빅가스세이빙스(big gas savings)이라고 말한다.

케이마트는 위기에 직면했고, 두 번째 광고가 원인으로 지목되었 다. 물론 이 광고가 수백만 명의 관심을 끈 것은 분명하다.

케이마트의 광고는 브랜드와 슬로건의 의미를 전달하는 것이 단 어가 아니라는 것을 잘 보여준다. 의미를 전달하는 것은 소리다. 실 제로 사람들은 단어가 아닌 음절을 발음한다.

Let's-go-to-the mo-vies-to-night

글을 소리로 변환하는 컴퓨터 프로그램이 내는 소리는 알아듣기 어려운 때가 있는데, 음색, 소리의 크기, 강세 등 구어의 세 가지 특징 이 부족하기 때문이다.

'음색'을 제외하고 앞의 문장이 실제로 전하려는 의미를 다음과 같이 시각화할 수 있다.

Let's-go-to-the ⋯⋯ **mo-vies** ⋯⋯ to-night

이 말은 다음과 같이 들릴 수 있다.

Let-go-to-the-mov-ies ⋯⋯ **to-mor-row** night

뉴스 보도에서는 모션 픽처(motion picture)라는 단어가 자주 사용된다. 그러나 소비자들은 모션 픽처 대신 무비라는 말을 사용한다. 'mov-ies'는 두 음절이며 'mo-tion pic-ture'는 네 음절이다. 소비자가 선택할 때는 긴 것보다는 짧은 것을 택한다.

사람들은 경찰을 캅(cop: 경찰을 비공식적으로 부르는 말이다 – 옮긴이)이라고 하지, 법 집행관(law-enforcement officer)이라고 하지 않는다.

같은 원칙이 슬로건에도 적용된다. 기업은 모션 픽처 같은 격식을 차린 단어를 좋아하지만, 슬로건에는 무비처럼 구어적인 표현이 더 효과적이다.

오랫동안 사랑받아온 나이키의 슬로건은 구어로 구성되었기 때문에 기억에 남는다. "잔말 말고, 저스트 두 잇(Quit complaining, Just do it)."

간혹 음색 하나만으로도 기억에 남는 슬로건을 만들 수 있다. 예를 들어 여성은 남성보다 대체로 음색이 가는 편이다. 그러나 항상 그렇지는 않다.

1984년, 웬디스(Wendy's)는 할머니 세 명이 아주 작은 완자가 든 커다란 햄버거를 손님에게 서비스하는 광고 캠페인을 진행했다.

광고에서 할머니 두 명이 커다란 빵에 감탄할 때, 클라라 펠러(Clara Peller)는 전화로 고객을 응대하며 "소고기는 어디에 있을까?(Where's the beef?)"라고 외친다.

소고기는 어디에 있을까?

자그만하고 나이든 클라라 펠러의 크고 거슬리는 음성이 광고를 기억나게 했다. 예상하지 못한 것이라 충격적이었다. 1984년 2만 4000명이 넘는 소비자가 가장 기억에 남는 광고로 이 웬디스 광고를 꼽았다. 이 광고 캠페인으로 웬디스의 판매는 전년 대비 26%가 성장했다.

1984년 민주당 대선 후보 경선에서 월터 먼데일(Walter Mondale)은 게리 하트(Gar Hart)를 상대로 당선되기 위해 "소고기는 어디에 있을까?"를 사용해 승리했다. ≪뉴스위크(Newsweek)≫는 표지에 두 정치인의 사진을 실으면서 "마지막 결전, 누가 소고기를 차지했는가?"라고 헤드라인을 달았다.

웬디스의 임원들은 환호했다. 한 임원은 "클라라를 출연시키면서 우리가 14년 반 동안 이뤄온 성과를 단 5주 만에 달성했다"라고 말했다.

수많은 중소기업에 TV 광고는 적합하지 않다. 그러나 이 사례는 중소기업 경영인들에게 단어가 아니라 그들이 사용하는 단어의 소리를 고려해야 한다는 점을 확실히 심어주었다. 이 문구는 인쇄 광고에도 사용되었다.

효과적인 슬로건은 단어의 의미와 '소리'를 활용해 만들어야 한다. 특히 소리를 고려해야 한다.

이 책에서는 기억에 남을 광고 슬로건을 만드는 데 필요한 다섯 가지 방법을 알려주고자 한다. 첫째는 각운, 둘째는 두운, 셋째는 반복, 넷째는 대조법, 다섯째는 중의법이다.

지금 당장, 당신의 기업과 광고 회사가 이 방법을 제대로 활용하고 있는지 살펴보자. 놀라운 것은 많은 슬로건이 이처럼 기억력을 높이는 방법을 활용하지 않는다는 점이다.

최근에 나온 광고 슬로건 266개를 분석한 결과 19개만이 한 가지 기법을 사용했다.

예를 들면 EDS의 슬로건 "Globalize, informationalize and individualize(세계화, 정보화, 개별화)"는 의미 없이 각운을 사용했다. 이후에 "Expertise. Answers. Results(전문성, 해결책, 결과)"로 슬로건을 바꾸었다. 바뀐 슬로건의 뜻은 알 수 있지만, 기억에 남지는 않는다.

《월 스트리트 저널(The Wall Street Journal)》에 따르면 미국 기업은 최근에 연간 1600억 달러를 광고비로 지불했다. 소비자의 주목을 끌기 위해 더 많은 기업들이 많은 돈을 들인다고 생각할 것이다. 그러나 실제로는 그렇지 않다. 업계에는 누구도 기억 못하는 슬로건과 태그라인이 넘쳐난다.

슬로건을 기억하더라도 신뢰하지는 않는다. 콜라의 뚜껑을 따면 '행복을 열(Open happiness)' 수 있을까? "세상에서 가장 좋은 가구(The world's finest furniture)"를 슬로건으로 내건 회사, 브라운 조던(Brown Jordan)을 들어본 적이 있는가?

미국의 4대 자동차 회사의 슬로건 중에서 기억나는 것이 있는가? 네 회사가 매년 약 40억 달러를 광고에 쏟아붓지만, 쉽게 기억나지 않을 것이다.

슬로건을 기억하고 못하고는 문제가 아니다. 문제는 소비자의 마음에 좋은 인상을 남기는 것이다. 따라서 각 브랜드는 자사의 이미지를 효율적으로 전달하려고 노력한다.

포드, 쉐보레, 토요타, 혼다 하면 어떤 이미지가 떠오르는가?

 가자! 더 멀리
Go further

 새로운 길의 발견
Find new roads

 그곳으로 가자
Let's go places

 특별함의 시작
Start something special

쉬운 문제는 아니다. 그러나 브랜드 이미지 대부분이 광고가 아닌 언론의 기사를 통해, 자동차를 소유한 운전자들과의 대화로 만들어진다.

포드, 쉐보레, 토요타, 혼다와 같이 잘 알려진 브랜드 광고의 원칙과 기능은 무엇인가? 브랜드에 관한 모든 이야기를 전달하기는 어렵다.

포드는 16개, 쉐보레는 18개 모델을 판매 중이다. 소비자는 브랜드명과 모델명을 떠올리지 못할 뿐만 아니라 모델명을 기억하기도 어렵다.

광고의 기능은 소비자가 기억할 수 있게 브랜드의 본질을 압축하는 것이다(브랜드의 슬로건을 기억시키지 못하면 광고 효과는 없는 셈이다).

잠재적인 소비자는 어떤 단어를 기억할 수 있을까?

누구나 기억할 만큼 잘 알려진 슬로건 세 개를 살펴보자.

철물을 다루는 남성에게 도움이 되는 곳, 에이스
Ace is the place with the helpful hardware man

입에서만 녹고 손에서는 안 녹아요
Melts in your mouth, not in your hands

스머커스와 함께 하면 맛있을 거야
With a name like Smucker's, it has to be good

기억에 남는 것과 그렇지 못한 슬로건의 차이는 무엇일까?
기억에 남는 슬로건은 머릿속에서 하나의 '소리'가 된다.

Ace is the place ······   기억에 남기기 위해 각운을 사용했다.

Melt in your mouth ······   기억에 남기기 위해 두운을 활용했다.

With a name like Smuckers ······   기억에 남기기 위해 대조법*을 이용했다.

1999년에 광고 전문지 ≪애드버타이징 에이지(Advertising Age)≫는
20세기 광고 슬로건 톱 10을 선정했다.

1. 다이아몬드는 영원히   2. 저스트 두 잇
   A diamond is forever   Just do it

─────────────────────────────
* reversal은 이 사례처럼 전환 등의 표현이 더 적합한 부분이 있다(스머커스와 함께 하면 맛있을 거야, 내 영
혼의 닭고기 수프, 일본의 또 다른 고급차 등). 그러나 편의를 위해 모두 대조법으로 번역했음을 밝힌다.

3. 상쾌한 휴식
The pause that refreshes

4. 덜 채워 더 맛있는
Tastes great. Less filling

5. 우리는 더 열심히 합니다
We try harder

6. 마지막 한 방울까지 좋은
Good to the last drop

7. 챔피언의 아침식사
Breakfast of champions

8. 그녀는 했을까, 안 했을까?
Does she …… or doesn't he?

9. 비가 와도 잘 뿌려져요
When rains, it pours

10. 소고기는 어디에 있을까?
Where's the beef?

이 중 어떤 슬로건을 기억하는가? 나이가 지긋한 분이라면 10개 슬로건과 브랜드를 모두 기억할 것이다.

첫 번째 슬로건 "다이아몬드는 영원히"는 1938년에 소개된 가장 오래된 슬로건으로, 소비자 대부분이 즉시 기억한다고 답할 것이다. 1941년에는 다이아몬드 판매가 55% 늘었다.

드비어스(De Beer's)의 슬로건은 기억력을 높이기 위해 중의법을 사용했다. 다이아몬드는 지구상에서 가장 강한 물질로 오랜 세월에도 변함이 없어 다이아몬드 반지는 변함없는 사랑을 상징한다.

광고주가 매년 슬로건을 바꾸려 하는 시대에, 오래도록 지속된 드비어스의 슬로건은 주목할 만하다. 창립한 지 77년이 훨씬 지난 오늘날에도 슬로건을 꿋꿋이 지켜가고 있다.

사실, 드비어스는 수십 년간 사용해온 슬로건을 "포에버, 나우 (Forever, now)"로 바꿔 소매 가맹점에서 사용하기도 했다. 2001년 드비어스는 루이비통 모에 헤네시(Louis Vuitton Moet Hennessy, LVMH)와 공동으로 투자해 드비어스 소매 가맹점을 설립했다. 2002년 첫 번째 점포가 런던에 문을 연 이후, 매장은 전 세계로 확산되었다.

몇 년 후 "포에버, 나우"를 이전에 사용하던 "다이아몬드는 영원히"로 다시 바뀌었다. 역설적으로, 이 슬로건이 계속 유지된 것은 소설, 영화, 기사에서 반복적으로 사용되었기 때문이다. "다이아몬드는 영원히"는 제임스 본드의 영웅담을 담은, 1956년에 출간된 이언 플레밍(Ian Fleming)의 소설 제목이 되었다.

또한 1971년에는 숀 코너리(Sean Connery)가 등장하는 영화를 통해 다시 소개되었고, 2009년에는 『닐 다이아몬드는 영원히(Neil Diamond is forever)』가

출간되었다. 2013년 ≪비즈니스위크(BusinessWeek)≫는 JP모건 체이스(JPMorgan Chase)의 CEO 제이미 다이몬드(Jamie Dimon)의 업적을 설명한 커버스토리의 제목을 '다이몬은 영원히(Dimon is forever)'라고 달았다.

드비어스, 에이스, M&Ms, 스머커스의 슬로건은 기억할 만한 아이디어와 개념 창출이라는 중요한 원칙을 분명히 보여준다.

이 책에서는 소비자의 마음에 기억되는 슬로건을 만들기 위해 이런 원칙을 어떻게 이용해야 하는지 설명할 것이다.

02

추상성 대 구체성

단어는 추상적인 단어와 구체적인 단어 두 가지로 나뉜다. 마케팅에서 사용되는 '말'은 최고급 제품, 고객 만족 영업, 첨단 기술 제품, 세계 수준의 서비스 등과 같이 추상적인 의미를 담고 있다.

많은 마케팅 캠페인, 특히 기업 홍보 캠페인은 추상적인 개념에 의존한다. 이는 애플에서 2면에 걸쳐 실은 컬러 신문광고에 잘 나타난다. 애플 광고에서 구체적인 단어는 "캘리포니아"뿐이다. 그러나 캘리포니아에 애플 제품을 선호해야 할 충분한 이유가 있는가, 아니면

캘리포니아에서 디자인된 최첨단 제품을 의미하는가?

물론 두 가지로 해석될 수 있다. 텔레비전과 신문에 실린 이 캠페인은 '캘리포니아에서 디자인된' 제품으로 이해되기를 기대했겠지만, 이 광고는 실패했다. 블룸버그 뉴스(Bloomberg News)는 이 광고를 "시청자가 거부한" 광고라고 평했다.

텔레비전 광고의 효과를 분석하는 회사 에이스 메트릭스(Ace Metrix)는 2013년에 방영된 27편의 애플 광고 중 '캘리포니아' 편이 가장 낮은 점수를 받았다고 밝혔다. 물론 애플은 세계에서 가장 성공한 회사이며, 최고의 가치가 있는 기업이다.

 수천 곡의 노래를 당신 주머니에
A thousand songs in your pocket

 최초의 터치스크린 스마트폰
The first touchscreen smartphone

 최초의 태블릿 컴퓨터
The first tablet computer

이 슬로건은 "캘리포니아에서 디자인된"과 같이 추상적인 개념이 아니다. 애플이 소개한 세 가지 제품, 즉 아이팟, 아이폰, 아이패드와 연결되는 유형(有形)의 아이디어이기 때문이다.

컴퓨터 부문을 선도하는 애플의 경쟁사 휴렛팩커드(Hewlett-Packard), 레노버(Lenovo), 델(Dell)을 비교해보면, 세 회사 모두 핵심을 전달하지 못하고, 누구도 이해할 수 없는 추상적인 슬로건을 사용한다.

문제를 해결합니다
Make it matter

 일하는 사람을 위한
For Those who do

 더 좋은 기술이 더 좋은 비즈니스
Better technology is better business

세 회사 모두 트레이드마크에 파란색을 사용하는데, 이것은 바람직하지 않다. 슬로건과 색상은 같은 업종 사이에서 브랜드를 차별화한다. 애플은 경쟁자와 차별화하기 위해 흰색을 사용했다. 애플의 세 경쟁사는 시장에서 저조한 성적을 거두었다. 2014년 애플은 21.6%의 순이익을 거둔 반면, 휴렛팩커드는 4.5%, 델은 4.2%, 레노버는 2.1%에 머물렀다.

단지 이 세 개 회사만이 추상적인 단어로 브랜드를 알린 것은 아니다. 다음 그림은 주요 네 개 통신사 AT&T, 버라이즌(Verizon), T모바일(T-Mobile), 스프린트(Sprint)의 슬로건이다.

 당신의 세상이 움직입니다
Mobilizing your World

 강력합니다
That's powerful

T··Mobile· 통신을 넘는 통신
The Un-carrier

Sprint 가장 가치 있는 무선통신
Best value in wireless

딱히 떠오르는 것이 있는가? 이 네 개 회사는 매년 자사 광고에 수십억 달러를 지출한다. 2014년 42억 달러의 광고비를 쓴 네 개 통신사는 11개 대형 광고주에 포함되었다. 솔직히 어떤 슬로건도 잘 기억되지 않는다. 더욱이 각 회사의 서비스에 가입하게 할 만큼 설득력 있는 슬로건도 아니다.

'우리의 세상을 이동시키기 위해 AT&T를 사용합니다'라는 말에 소비자는 반응하지 않는다.

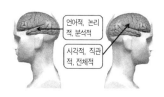

추상적인 단어보다 구체적인 단어가 효과적이고 기억에 남을 만하다는 것을 이해하기 위해서는, 머릿속의 좌뇌와 우뇌를 잘 살펴봐야 한다. 사고가 시작되는 머릿속에서 좌뇌는 논리적인 측면을 담당하며, 컴퓨터처럼 논리적·분석적·이성적으로 작동한다. 우뇌는 감성적인 측면을 담당하며, 비주얼뿐 아니라 글자나 소리를 시각적으로 표현한 상징을 다룬다. 우뇌는 좌뇌보다 열심히 일한다.

언뜻 이해할 수 없지만, 우뇌는 추상적인 단어를 인쇄된 상징으로 인식해 그 정보를 좌뇌로 보낸다. 구체적인 단어는 이와 다르다.

추상적인 단어와 마찬가지로, 우뇌는 구체적인 단어를 인쇄된 상징으로 인식해 정보를 좌뇌로 보낸다. 그러나 호수나 산 같은 구체적은 단어는 우뇌에서 시각적 이미지를 연상시킨다. 우뇌가 감성을 담당하기 때문에 구체적인 단어는 추상적인 단어보다 엄청난 장점이 있다. 훨씬 더 기억에 남는다.

살면서 가장 기억에 남는 사건은 무엇인가? 그런 사건은 시각화 될 수 있다. 대학 졸업식 날, 결혼식 날, 자동차 사고가 난 날 등. 이와 같은 시각적인 이미지는 절대 잊히지 않는다. 가장 친한 친구의 이름, 자동차 제조업체, 아파트와 주택의 주소 등 구체적인 단어는 시각적인 이미지를 연상시킨다.

중국의 만리장성, 에펠탑, 타지마 할, 피라미드, 자유의 여신상과 같이 세계적인 역사적 장소를 떠올려보자. 단어를 읽는 순간 그곳의 시각적인 이미지가 떠오른다.

넬슨 만델라(Nelson Mandela), 버락 오 바마(Barack Obama), 힐러리 클린턴(Hillary Clinton), 안젤리나 졸리(Angelina Jolie), 조지 클루니(George Clooney), 타이거 우즈(Tiger

Woods)와 같이 세계적으로 유명한 인물의 경우도 마찬가지다. 이름만 들어도 그들의 이미지가 시각적으로 연상된다.

반면에 '세계적으로 잘 알려진 장소', '세계적으로 유명한 인물'과 같은 추상적인 단어는 이미지를 연상시킬 수 없다. 오직 구체적인 단어만이 그렇게 할 수 있다.

브랜드명은 머릿속에 시각적인 이미지를 불러온다. 캐딜락(Cadillac)

하면 대형차가 떠오르고, 폭스바겐(Volkwagen) 하면 소형차가 떠오른다.

이미지가 쉽게 떠오르지 않는 브랜드는 문제가 있다. 캐딜락은 시마론(Cimarron)과 카테라(Catera)로 소형차 시장에 진출했으나 완전히 실패했다. 폭스바겐의 대형차 페이톤(Phaeton)의 경우도 마찬가지였다.

자신 또는 자기 회사의 이름을 알리려는 저자들의 책이 한 해 수천 권 출간된다. 하지만 이들은 추상적인 개념만 사용해 주요 내용을 다루기 때문에 거의 성공하지 못한다.

한 예로『그들은 어떻게 최고 경영자가 되었을까(How to Think Like a CEO: The 22 Vital Traits You Need to Be the Person at the Top)』와『전략과 주주 가치로서 CEO: 기업의 성과를 극대화하기 위한 의사 결정(The CEO, Strategy, and Shareholder Value: Making the Choices That Maximize Company Performance)』이 있다.

셰릴 샌드버그(Sheryl Sandberg)는 구체적인 단어 '린 인(Lean In: 뛰어들다라는 뜻)'을

160만 권 판매,
전 세계 '린 인' 모임
1만 4000개

제목으로 단 책을 출간해 세계적으로 유명해졌다. 또한 이 책은 일반적인 관리자가 아닌 여성에 초점을 맞췄다. 추상적인 단어는 책과 마케팅에서 잘못 쓰이고 있다.

기업계에서 유행하는 혁신(innovation)을 예로 들어보자.

"혁신은 우리의 미션이자 업무 수행의 나침반. 똑똑하고, 안전하며, 더 높은 연비의 자동차(Innovation is our mission. The guiding compass of everything we do. Smart, safer, more fuel-efficient vehicles)." 이는 포드 광고에 사용된 헤드라인과 부헤드라인이다.

헤드라인에는 구체적인 단어가 '자동차'와 '나침반' 단 두 개만 쓰였는데, 나침반은 맥락 없이 쓰였다. 포드는 똑똑하고, 안전하며, 더 높은 연비의 자동차를 만들겠다는 기업의 약속을 표현하기 위해 구체적인 표현하기 위해 차에 초점을 맞춰야했다.

회사 임원들은 혁신이라는 단어를 좋아한다. 포드의 CEO 마크 필즈(Mark Fields)는, 한 기조연설에서 혁신이라는 단어를 20번이나 사용했다.

혁신은 매우 추상적인 개념이며 진부한 단어다. 지난 90일 동안 발행된 책 중 255권에 혁신이라는 단어가 포함되었다. 혁신은 일반 회사의 연간 조사와 분기 보고서에 3만 3528번 언급되었다.

애플의 최근 연간 보고서에 혁신은 22번 나왔고, 구글의 보고서에는 14번 사용되었다(그럼 애플이 구글보다 혁신적인 기업이란 말인가?). 경영대학원 중 28%가 '혁신' 또는 '혁신적인', '혁신하다'를 대학원 미션에 포함시키고 있다.

혁신이 중요한가? 물론 중요하다. 『마케팅과 혁신(Marketing and innovation)』의 저자 피터 드러커(Peter Drucker)는 "비즈니스는 두 가지 기능이 있다"라고 했다. 다른 추상적인 단어처럼 혁신은 중요하지만, 쓸모가 없다. 비즈니스에서는 중요하지만, 마케팅에서는 쓸모가 없는 것이다.

머리에 시각적 이미지를 심어주는 구체적인 단어를 사용해 추상적인 아이디어를 더 확실히 기억하게 할 수 있다. 한 예로 '의회가 채무 절감 법안을 추후로 연기했다'는 대표적 뉴스를, 추상적 단어가 아닌 "의회는 깡통을 도로로 차내고 있다(Congress is kicking the can down the road)"는 구체적인 단어로 표현했다. 'Kicking the can(미루다)'이라는 단어는 머릿속에서 추상적인 개념 대신 구체적인 이미지를 연상시킨다.

대표이사가 사임할 때는 '리자인(resign)'을 쓰지 않고 항상 '스텝 다운(step down)'을 사용한다. 구체적인 단어는 사임을 더 생생히 기억할 수 있게 시각적인 이미지로 만든다.

1973년 심리학 교수 라이어널 스탠딩(Lionel Standing)의 연구는 이미지가 기억에 미치는 영향을 밝혀냈다. 스탠딩 교수는 실험 참여자들에게 5일 동안 1만 개의 이미지를 각각 5초씩 보여주었다. 참여자들은 이미 본 것과 처음 보는 이미지를 한 쌍으로 묶어서 보여줬을 때, 전에 보여준 이미지를 80% 이상 기억했다.

만약 1만 개의 슬로건을 5초 동안 보여주고 5일 지난 후 물어보면 얼마나 기억할 수 있을까? 이미지가 생각나는 단어를 사용한 슬로건을 만든다면 수십 년간 지속될 수 있다.

1970년대 초 미국 대통령은 단순한 메시지로 베트남 전쟁 참전의 정당성을 주장했다. 월남이 패망하면 동남아시아는 공산화될 것이라고 했다. 도미노 이론(The domino theory)은 전쟁을 정당화하는 시각적 비유였다.

도미노 이론

가장 잘 기억되는 시는 시각적인 비유를 많이 사용한 것이다. 토머스 그레이(Thomas Gray)가 1751년에 쓴 "남모르게 얼굴을 붉히며 태어난 갖가지 꽃들은 …… 사막의 대기를 향내로 적신다"나 조이스 킬머(Joyce Kilmer)가 1913년에 쓴 "내 생애에 본 적 없는 …… 나무처럼 사랑스러운 시"가 그렇다.

추상적인 단어는 기업의 이름, 특히 중소기업의 이름에 자주 그리고 비효율적으로 쓰인다.

오른쪽 그림의 기업들을 예로 들수 있다.

슈피리어 플럼빙(Superior Plumbing)은 경쟁사보다 우월한가? 아쉽게도 기업명처럼 되지 않았다. 슈피리어라는 이름은 어떠한 시각적 이미지도 연상시키지 못했기 때문에, 브랜드에 대해 감정적 접점을 제공하지 못했다.

많은 브랜드가 구체적인 단어로 구성된 마케팅 슬로건에 의해 구축된다. 기업들은 목표시장을 넓히려고 애를 쓰는 가운데 그들의 슬로건을 '일반화'하고, 의미 없는 추상적인 아이디어로 바꾸어놓는다.

최고급 시계 브랜드 모바도(Movado)는 독특한 디자인과 "미술관 시계(The museum watch)"라는 슬로건을 만들었다[모바도는 뉴욕 현대미술관(MOMA)에 영구적으로 전시된 첫 번째 시계다]. 그 몇 년 후 모바도 그룹은 시계의 슬로건을 "시간의 예술(The art of time)"로 '일반화'했다.

모바도는 "시간의 예술"을 재고해, 최근에는 뉴욕 현대미술관과 '시대를 앞선'이라는 아이디어를 연결한 "시간을 앞선 모던(Modern ahead of its time)"을 마케팅 슬로건으로 사용하고 있다.

미술관 시계
The museum watch

시간의 예술
The art of time

시대를 앞선 모던
Modern ahead of its time

'미술관'은 구체적이며, 가시적이고, 기억하기 쉽다. 그러나 '모던'은 브랜드나 제품, 서비스는 물론, 미술관 같은 장소와도 잘 연결되지 않는 추상적인 단어다.

단어만으로는 감성적인 전달이 불가능하며, 시각적인 자극과 연결될 때 효과적이라는 점을 명심해야 한다. '섹스(sex)'라는 단어와 성행위 이미지를 보여주는 것이 다르듯이 말이다. 필자가 쓴 이 책과 『시장을 움직이는 비주얼 해머』를 함께 읽어야 하는 이유가 바로 이것이다.

미술관이라는 단어는 역사적인 작품을 전시하는 공간을 말한다. 특히 모바도는 광고에서 현대미술관이 전시한 시계임을 언급해 미술관 시계로서 기억에 남게 했다.

모바도 그룹은 추상적인 단어를 능가하는 구체적인 단어의 힘을 보여주었다. 35년간 북미시계로 알려져 왔으나, 1996년 월가의 애널리스트들에게 기업을 잘 알리기 위해 회사명을 모바도로 바꾸었다. 경쟁 시계 브랜드인 피아제(Piaget), 코럼(Corum), 콩코드(Concord), ESQ보다 시장점유율이 낮았던 모바도로서는 쉬운 결정이 아니었다. 북미시계는 자사의 핵심 브랜드와 잘 알려진 생산 라인에 새로운 명칭을 사용하기로 결정했다. 이후 모바도는 승승장구했다. 모바도로 이름을 바꾼 1996년 1억 8600만 달러의 매출에 순이익율 5.2%를 달성하기에 이르렀다. 2014년 모바도는 5억 8700만 달러의 수익을 거둬 8.8%의 순이익을 남겼다.

브랜드명과 슬로건에 사용할 구체적인 단어를 찾기 위해 불필요한 것을 제거할 필요가 있다. 새러리(Sara Lee)는 모바도가 택한 길을 좇았다. 46년간 컨살러데이티드 푸드 회사(Consolidated Foods Corp)로 알려졌던 이 회사는 1985년 이름을 새러리로 바꾸었다. 그러나 새러리는 원래 이름으로 돌아갔고, 2012년 회사는 두 개 그룹으로 나뉘었다. 미국에 본사를 둔 힐샤이어 브랜즈 컴퍼니(Hillshire Brands Company)와 네덜란드에 본사를 둔 D. E. 마스터 블랜더스 1753(D. E. Master Blenders 1753)으로 사명이 변경되었다.

새롭게 바뀐 이름은 새러리처럼 간
명하거나 기억에 남지는 않는다. 마스
터 블랜더스는 다른 회사의 이름과 쉽
게 혼동된다. 힐샤이어는 이와는 다른

문제가 있는데, 구글이 했던 시행착오를 범할 우려가 있다. 그것은 사
람들이 지레짐작해 넘겨짚도록 한다. 첫 음절 힐(Hill)을 듣고 다음에
오는 's'를 들으면 힐사이드(Hillside)라고 속단하게 된다. 이 문제는 힐샤
이어가 유명해질 때까지 계속될 것이다.

새러리처럼 크래프트 푸드(Kraft Foods)는 북미 식품 사업을 담당하
는 크래프트 푸드 그룹(Kraft Foods Group)과 해외 제과 산업을 담당하는
몬델레즈 인터내셔널(Mondelez International)로 회사를 분리했다. 몬델레즈
인터내셔널은 라틴어의 '세계(Mundus – 옮긴이)'와 '맛있다(delez – 옮긴이)'라
는 단어를 합성한 것으로, 크래프트사가 개최해 1700여 편이 응모한
공모전 이후 두 근로자가 만들어낸 것이다.

힐샤이어처럼 몬델레즈 역시 널리 알려지지 않았다. 많은 소비자
들이 "몬데(Monde)가 뭐야?"라고 한다. 어쨌든 몬데는 좋은 선택이었
다. 프랑스어로 몬데(monde), 이탈리아어로 몬도(mondo), 스페인어로 문
도(mundo)는 세계를 뜻한다. 그런데 레즈(lez)를 붙이면서 쓸모없는 이름
이 되었다.

경영인들에게 친근한 단어는 소비자들의 마음에 남는 슬로건을
구성하는 데 쓸모가 없다. 품질, 우수성, 내구성, 완벽함, 뛰어남, 제1의,

우월성, 지속성, 낮은 운영비, 선택, 고급의, 걸출함, 최고의, 최상의, 경쟁자가 없는, 전대미문의, 타의 추종을 불허하는 등이 그런 단어다.

이와 같은 추상적인 단어가 기억에 남는 슬로건에 사용되려면 소비자의 피부에 가닿도록 해야 한다. 자동차 산업의 경우 매년 23개 브랜드가 매년 10만 대 이상의 차를 판매한다.

오른쪽 23개 브랜드 중에서 기억나는 슬로건이 있는가? 1장에서 추상적인 단어를 사용하는 슬로건 중 네 가지를 언급했다. 아마도 지금쯤이면 이 슬로건 네 개를 잊어버렸을 것이다.

하지만 하나의 자동차 슬로건은 기억할 것이다. 바로 BMW의 슬로건이다. 이 슬로건이 어떻게 만들어졌는지 살펴보자.

소비자는 자동차를 구매할 때 무엇을 살펴볼까? 그들은 모든 것을 살펴본다. 자동차 주변을 돌아보면서 꼼꼼히 이것저것을 점검한다. 차내 인테리어가 좋은지, 예상되는 연비가 얼마인지를 적고, 그들의 아이를 뒷좌석에 앉혀 공간이 넉넉한지도 본다. 그들은 소비자들의 글을 읽어 신뢰도를 점검하고 자동차 가격도 확인한 뒤, 시승을 신청한다. 이것이 바로 자동차 회사가 광고를 통해 '전혀 새로운' 올해의 신차에 대해 모든 것을 알려주는 이유다.

BMW가 50년 전 미국에서 판매를 시작했을 때, 이와 비슷한 방법을 따랐다. 초기 BMW 광고는 모든 장점을 이야기했다. 그림은 BMW의 대표적인 헤드라인이다. 10년이 지난 1974년 BMW는 1만 5007대를 판매해, 유럽에서 수입된 자동차 브랜드 중 미국 시장에서 11번째로 잘 팔리는 브랜드가 되었다. 달리 말해 BMW는 존재감이 없었다.

 새로운 BMW는 고급스러움, 주행 성능, 운전 편이성의 조화가 뛰어납니다. 주유도 놀랄 만큼 쉽습니다.

 성능, 주행, 연비를 보십시오. 새로운 BMW는 세상에서 가장 뛰어난 자동차입니다.

그다음 해에 BMW의 새로운 광고대행사 '아미라티 푸리스 애브루틱 (Ammirati Puris AvRutick)'은 자신들과 브랜드에 세계적인 유명세를 안겨준 새로운 광고 캠페인을 시작했다.

최고의 드라이빙 머신
The ultimate driving Machine

이후 수십 년 동안 BMW는 전 세계에서 가장 많이 팔린 최고급 자동차 브랜드가 되었다.

"최고의 드라이빙 머신"은 이전에는 없던 최고의 슬로건이다. 그

것은 뒤처졌던 BMW를 선도 브랜드 반열에 올려놓았다.

최근에 BMW는 어떠한가? 물어보나 마나다. BMW는 방향을 바꾸어 '주행' 대신 "즐거움(Joy)"이라는 캠페인을 선보였다.

2010년에 시작된 즐거움 캠페인은 즉각적으로 영향을 끼쳤다. BMW는 최대 경쟁사인 메르세데스 벤츠(Mercedes-Benz)에 뒤처지기 시작했다. 메르세데스 벤츠가 미국에서 9년 연속으로 매출이 증가한 반면, BMW는 5년 연속 메르세데스 벤츠를 뒤쫓고 있다. BMW는 도대체 왜 기존 마케팅과는 전혀 다른 길을 택한 것일까?

더 큰 시장을 노렸기 때문이다. 캠페인 결과를 평가하기 위해 고용된 한 컨설턴트는 "즐거움 캠페인은 열정적으로 주행을 만끽하기보다 삶을 소중히 여기는 소비자들을 겨냥했다"면서 "즐거움 캠페인은 '최고의 드라이빙 머신'을 벗어나 더 큰 시장을 목표로 새로운 소비자와 BMW의 새로운 포지셔닝에 공을 들였다"라고 지적했다.

캠페인을 바꿀 때면 보통, 주행 같은 구체적인 단어 대신 만족이나 성능과 같은 추상적인 단어를 사용한다. 주행 하면 구불구불한 도로 위를 질주하며 핸들 위에 두 손을 얹은 시각적 이미지가 떠오른다.

즐거움 하면 어떤 이미지가 연상되는가? 효과적인 마케팅 전략은 잘 짜여 있을 때 성공한다. 처음에는 캠페인을 알리기 위해 목표공중을 넓게 잡아야 하지만, 구체적인 단어를 사용하기 위해 목표공중을 좁게 잡을 필요도 있다.

또한 소비자 대화에 귀를 기울여야 한다. 정치인과 광고인만 일반론적으로 말한다. 소비자는 구체적인 것을 좋아한다.

소비자는 왜 갖가지 음료를 놓을 수 있는 탁자를 커피 테이블이라고 부르는가? 음료 테이블이라고 부르는 것이 논리적이지 않을까?

커피 테이블

그리고 옷, 신발, 세면용품, 그 외 개인용품을 넣는 가방을 왜 여행 가방이라고 부르는가? 옷가방이라는 이름이 더 어울리지 않을까?

문서를 넣는 가방을 문서 가방이라 하지 않고 왜 서류 가방이라고 할까? 변호사만이 문서를 '서류'라고 부른다.

목욕용품, 화장품, 과자류, 음료, 학용품, 축하 카드와 약을 파는 상점을 왜 드러그스토어(drugstore)라고 부를까? 개인용품 가게라고 부르는 것이 맞지 않을까? 어쩌면 모든 드러그

드러그스토어

스토어에 눈에 띄게 쓰여 있는 약국이 더 맞지 않을까?

주유소는 흔히 편의점, 세차장, 정비소를 갖추고 있지만, 소비자는 그냥 주유소라고 한다.

소비자는 커피숍에 커피 이외에도 많은 품목이 있다는 것을 잘 안다. 스테이크 하우스 역시 마찬가지다. 소매점은 식료품 이외의 것을 판다. 구체적인 이름은 추상적인 이름보다 더 강력한 인상을 준다.

학계에서는 여러 달 또는 여러 해 동안 연구해온 50쪽 분량의 문서를 페이퍼(paper)라고 한다. 유명 인사의 이름이 붙은 일류 대학에서는 교수를 체어(chair)라고 한다. ≪포천(Fortune)≫이 선정한 500대 기업의 이사회에서 활동하는 기업체 간부는 시트(seat)라고 한다.

버거킹(Burger King)은 푸드 가맹점 이름으로 샌드위치 킹보다 좋고, 레드 로브스터(Red Lobster)는 해산물 전문점 이름으로 레드 시푸드(Red Seafood)보다 좋다.

보스턴 치킨(Boston Chicken)은 보스턴 마켓(Boston Market)보다 나은 이름이다. 마켓보다 치킨이 훨씬 더 구체적이다. 그런데 왜 보스턴 치킨은 보스턴 마켓으로 이름을 바꾸었을까?

어느 것이 더 좋은 이름일까?

좋은 질문이다. 이름을 보스턴 마켓으로 바꾸고 얼마 지나지 않아 회사는 파산했다. 구체적인 이름은 추상적인 이름보다 효과적이며, 또한 더 오래 기억되는 슬로건을 만든다.

03

판매 대 대화

'판매'를 위한 슬로건이 있는가 하면 '구전'을 위한 슬로건이 있다. 이 둘의 차이를 살펴보자.

가까운 슈퍼마켓에서 일주일치 장을 봤다고 생각해보자. 집으로 돌아와 구매한 물건을 식탁 위에 펼쳐놓을 것이다. 하인즈(Heinz) 케첩, 캠벨(Campbell)의 치킨누들 수프, 켄(Ken)의 랜치 드레싱, 바릴라(Barilla) 파스타와 몇 가지 다른 물품일 것이다. 여기에 당신이 이전에 구매한 적이 전혀 없는, 처음으로 구매한 브랜드가 얼마나 있는지 묻고 싶다. 아마도 처음 구매한 것은 거의 없을 것이다. 소비자들은 자신이 이미 구매했던 것을 구매하는 경향이 있다. 따라서 소비자가 브랜드를 바꾸도록 하는 것은 쉽지 않다.

그런데 기업들은 최근에 자사 브랜드를 알리기 위해 매년 1600억 달러에 이르는 엄청난 비용을 투자했다. 그렇다고 경쟁 브랜드의 소비자들이  그들 브랜드로 옮겨왔는가? 소비자들은 어디서나 광고에 둘러싸여 있다. 미국의 일반적인 소비자들은 매년 515억 달러 상당의 광고를 접한다.

그러나 놀랍게도 소비자가 다른 브랜드를 처음 구입할 때는 광고보다 친구나 가까운 지인에게 영향을 받는다. 이는 '입소문'의 힘이다. 물론 광고업계 역시 이를 잘 알지만, 광고에 영향을 받을지도 모를 소비자에게 신경 쓰는 것 외에 별다른 행동을 취하지 않는다.

광고 없이 빠른 시간에 성공한 인터넷 브랜드를 살펴보자. 오른쪽 브랜드들은 광고 없이 어떻게 수십억 달러의 수익을 올릴 수 있었을까?

인스타그램
페이스북에 10억 달러에 매각

tumblr.
텀블러
야후에 11억 달러에 매각

자포스
아마존에 12억 달러에 매각

광고보다 입소문이 더 중요하기 때문에 마케팅 슬로건을 '우호적인 입소문'으로 만드는 것이 특히 효과적일 수 있다. 즉, 슬로건이 아닌 이야기를 팔아야 한다.

기존 소비자들이 다른 사람에게 브랜드를 소개할 때 슬로건을 말하는지 확인해야 한다.

BMW 오너에게 차에 대해 물어보면 '운전하기 좋은 차'라고 답할 것이다. 이러니저러니 해도 결국 BMW는 "최고의 드라이빙 머신"이다.

대부분의 자동차 브랜드는 구전만으로 홍보하기는 어렵다. BMW보다 더 많은 차를 판매하는 현대, 닛산, 지프 세 개 브랜드를 살펴보자.

새로운 생각, 새로운 가능성
New thinking, New possibilities

짜릿한 혁신
Innovation that excites

우리가 만든 것 중 최고
The best of What we're made of

'왜 현대차를 사십니까?' 새로운 것을 원합니다.

'왜 닛산 자동차를 사십니까?' 짜릿한 혁신을 원합니다.

'왜 지프를 사십니까?' 지프가 만든 최고의 차를 원합니다.

이 바보 같아 보이는 자동차 슬로건을 소비자가 어떻게 말로 표현할 수 있겠는가? 이 세 가지 슬로건은 잠재적인 소비자에게는 의미가 있지만, 차를 이미 구매한 고객에게는 별 의미가 없다.

집 앞에 두는 자동차는 소비자가 구입할 가장 비싼 품목일 것이다. 사람들은 차를 자랑하기 좋아한다. 자동차 회사는 소비자가 자신이 구매한 차를 자랑스럽게 느낄 수 있는 언어를 슬로건에 담아야 한다.

오늘날과 같이 의사소통이 활발한 시대에는 판매하기 좋은 문구를 담기보다 구전되기 쉬운 슬로건을 만드는 것이 매우 중요하다.

'판매' 슬로건을 능가하는 '구전' 슬로건의 이점은 또 있다. 영국 워릭(Warwick) 대학과 미국 캘리포니아의 샌디에이고(Sandiego) 대학 연구

팀은 실험 참가자들을 대상으로, 책과 비교해 페이스북의 문장을 얼마나 잘 기억하는지 측정했다. 페이스북의 게시물이 책 속의 문장보다 1.5배 더 잘 기억되었다. 사람들의 뇌는 세련된 내용보다 대화에 사용되는 꾸미지 않은 글을 선호한다.

이야깃거리가 되는 최고의 마케팅 슬로건은 맥도날드의 '당신은 오늘, 쉴 자격이 있습니다(You deserve a break today)'였다. 누군가 '맥도날드에 가죠. 당신은 오늘 쉴 만해요'라고 말하는 모습을 쉽게 떠올릴 수 있다. 이 말은 도처의 어머니들 귀에 맴도는 음악이다.

반면 일부 아이디어는 '구전' 수단보다는 강력한 '판매' 수단이 된다. 현대 자동차는 미국 시장에서 저가 자동차 시장을 공략해 성공했다. 그러나 좋은 '구전' 수단은 아니었다.

'왜 현대 차를 사십니까?'

현대 차를 사용하는 소비자들은 '값이 저렴하잖아요'라고 대답하지 않는다. 많은 회사들은, 저렴한 가격이 소비자에게 이야깃거리를 제공해 긍정적인 태도를 심어줄 수 없기 때문에 좋은 전략이 아니라는 것을 잘 안다.

우리는, 고객인 중국의 자동차 회사 '장성자동차(Great wall motor)'에 하발(Haval) 브랜드를 "10만 위안 미만의 경제적인 SUV의 리더(The leader in economical SUVs under 10000 RMB)"라는 슬로건과 함

10만 위안 미만의 경제적인 SUV의 리더

께 저가형 브랜드로 포지셔닝하자고 제안했다(2009년 기준으로 환산하면 1만 4000달러였다).

달리 말해 저가와 리더를 잘 결합해 하발을 포지셔닝한 것이다. '왜 하발 SUV를 사십니까?'라고 물으면, '선도 브랜드잖아요. 괜찮은 SUV라고 생각해요'라고 답할 것이다.

정치 캠페인은 '판매' 슬로건에 비해 '구전' 슬로건이 강력하다는 것을 보여주는 좋은 사례다.

유권자들은, 소비자가 선호하는 제품을 이야기하는 것보다 선호하는 후보자에 대해 훨씬 더 많은 이야기를 나눈다. 똑똑한 정치가들은 지지자들이 자신의 후보를 선전하는 데 활용하도록 이야기를 제공한다.

대통령 선거 당시 버락 오바마의 선거 캠페인은 경쟁자의 캠페인보다 월등히 뛰어났다. 2008년 캠페인에서 오바마의 슬로건은 "우리가 믿는 변화(Change we can believe)"였다. '8년을 집권한 조지 부시가 물러나면, 우리에게는 변화가 필요해요'라고 말하는 오바마 지지자들을 쉽게 떠올릴 수 있다.

반면 존 매케인(John McCain)의 슬로건은 "국가 먼저(Country first)"로 결정되었다. 그의 초기 캠페인은 "개혁, 번영, 평화(Reform, Prosperity, Peace)"와 "첫날부터 이끌어갈 완벽한 준비(Best prepared

변화 _오바마   국가 먼저 _롬니

to lead from day one)"였다. 이 세 가지는 좋은 슬로건이 아니었다.

'왜 존 매케인에게 투표하십니까?'라는 물음에 '국가를 먼저 생각하니까요'라고 답할 유권자는 없다. 슬로건의 생존 가능성을 가늠하는 한 가지 방법은 슬로건의 뜻을 뒤집어보는 것이다.

매케인이 '국가 먼저'라면 버락 오바마는 '국가가 그다음'이 되는 셈이고, 이는 공평한 사람들의 마음에 진심으로 들리지 않는다.

2012년 오바마의 슬로건은 "앞으로(Forward)"로, 재선을 이뤄 초선 때의 구상을 이어가겠다는 뜻이었다.

밋 롬니(Mitt Romney)의 슬로건은 "미국을 믿습니다(Believe in America)"였다. '당신은 왜 밋 롬니에게 투표하려고

앞으로   미국을 믿습니다
_오바마   _롬니

하십니까?'라는 물음에 '그가 미국을 믿잖아요'라고 답하지 않을 것이다.

한번 슬로건을 뒤집어 진실로 들리는지 확인해보자. '오바마는 미국을 믿지 않는다.' 이 말은 전혀 가능성이 없다. 오마바가 자신에게 노벨상을 선사하고, 부유하고 명예롭게 해준 국가를 믿지 않겠는가?

비자카드는 소비자의 구전을 활용해 특히 효과를 본 장수 광고 캠페인이 있었다. 그 슬로건은 "당신이 원하는 곳 어디서나, 비자카드(It's everywhere you want to be)"였다. 달리 말하면 다른 카드보다 더 많은 곳에서 사용된다는 뜻이다.

많은 소비자가 국내외에서 쇼핑 중에 "죄송합니다. 우리는 아메리칸 익스프레스 카드를 받지 않습니다"라는 말로 거절당했다.

24년이 지나 비자카드의 슬로건은 "생활이 선택한 비자(Life takes Visa)"로 바뀌었다. 왜 바꾸었을까? 새로운 광고 전략 때문일 것이다. "생활이 선택한 비자"는 광고 캠페인으로 그럴듯해 보인다.

생활이 선택한 관점, 생활이 선택한 비자

최근 현명한 경영진들은 이 슬로건에 문제가 있음을 깨닫고 첫 슬로건을 수정해 "더 많은 사람들이 비자와 함께 합니다(More people go with Visa)"를 만들었다.

그러나 원래 사용하던 구전 슬로건이 더 나았다. 소비자들은 자신들이 '부화뇌동'하는 것이 아니라 스스로 특별하다고 생각한다.

이에 따라 비자는 원래의 슬로건으로 돌아갔지만, 한 단어를 빼뜨렸다. "당신이 원하는 곳 어디서나(Everywhere you want to be)."

비자카드를 위해, 소비자가 즉시 이해할 수 있게 만든 슬로건을 소개하겠다.

'어떤 카드보다 더 많은 곳에서 사용됩니다(Accepted in more places than any other card).'

이 슬로건은 많은 비자카드 사용자들에게 대화거리를 제공할 수 있다. '왜 비자를 사용하십니까?' '비자는 어디서나 사용할 수 있잖아요.'

04

태그라인 대 슬로건

1986년 톰 보뎃(Tom Bodett)은 모텔 6(Motel 6)의 라디오 광고를 녹음할 때 짧은 몇 초짜리 원고에 몇 마디 애드리브를 섞어 녹음을 마쳤다. 이 광고는 청취자들에게 인기를 끌었으며, 30년이 지난 지금도 모텔 6의 광고는 "당신을 위해 불을 켜두겠습니다(And We'll leave the light on for you)"라는 보뎃 음성의 태그라인으로 끝을 맺는다.

"불을 켜두겠습니다"와 같이 잘 만 든 태그라인은 사람들의 기억에 오래 도록 남는다.

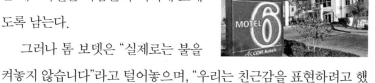

그러나 톰 보뎃은 "실제로는 불을 켜놓지 않습니다"라고 털어놓으며, "우리는 친근감을 표현하려고 했

을 뿐입니다. 일단 당신은 방에 들어가 불을 켜야 합니다"라고 했다.

태그라인은 예쁘고, 재미있고, 가볍거나 엉뚱하지만, 일반적으로 브랜드의 성공과는 거리가 멀다. 퍼레이드가 끝난 뒤의 청소부나 미화원과 같다. 광고가 끝났음을 알려준다. 그러나 브랜드의 포지셔닝을 위해서는 거의 하는 일이 없다.

TV와 라디오 진행자들은 그들이 진행하는 심야방송을 태그라인으로 끝마치는데, 에드워드 R. 머로(Edward R. Murrow)의 "잘 자요, 행운이 깃들기를(Good night and good luck)", 월터 크롱카이트(Walter Cronkite)의 "삶이란 다 그렇죠 (And that's the way it is)"가 있다.

이 두 사람은 방송계에서 가장 존경받는 진행자다.

한편 "당신을 위해 불을 켜두겠습니다"와 같이 많은 태그라인들은 이례적으로 기억에는 남을지 모르지만, 브랜드 포지셔닝을 위해서는 쓸모가 없다. 태그라인은 아무 브랜드에나 마구 쓰인다.

어떤 호텔이든 당신을 위해 불을 켜놓을 수 있으며, 진행자 누구나 밤 인사를 건넬 수 있다.

또한 획기적인 태그라인이 아니어도 기억될 수 있다. 원로 코미디언 지미 듀랜트(Jimmy Durante)는 "캘러배시 여사님, 어디에 계시든 좋은 밤 보내세요"라는 말로 TV 방송을 마쳤다. 누구도 캘러배시가 어떤 인물인지 밝혀내지 못했고, 듀랜트와의 관계도 알 수 없었다. 아마도 농담이었겠지만.

태그라인은 동기를 유발하지 못하며, 브랜드를 구매해야 할 이유를 설명해주지 않는다.

슬로건은 다르다. 좋은 슬로건은 기업의 전략을 압축해 보여준다. 왜 모텔 6에 숙박하는가? 모텔 6가 투숙객을 위해 방에 불을 켜놓기 때문은 아니다. 모텔 6의 홈페이지에서 이 질문의 답을 찾을 수 있다. "전국의 어떤 가맹점보다 가격이 저렴합니다." 이것이 모텔 6의 실제 슬로건이며, 그들이 하는 모든 소통에 포함해야 할 아이디어다 (하지만 더 기억에 남기 쉬운 방식으로 해야 한다).

제2차 세계대전 당시 영국 본토에서 항공전이 벌어지는 동안 런던에서 심야방송을 진행해 유명해진 에드워드 머로는 그 이전부터 "잘 자요, 행운이 깃들기를"을 슬로건으로 사용했다.

방송은 늘 "This …… is London(여기는 …… 런던입니다)" 세 단어로 시작했다. 이 말은 효과적인 여타의 슬로건과 마찬가지로 런던 대공습 기간에 방송된 그의 프로그램의 핵심을 잘 잡아냈다.

태그라인의 아쉬운 역사에도 불구하고, 광고 산업은 슬로건을 재빨리 내려놓고 태그라인에 관심을 기울였다.

크리에이티브가 중요한 광고업계에서 태그라인을 기꺼이 수용한 이유는 무엇일까? 태그라인의 단어가 아이디어를 슬쩍 전달하기 때문이다. 태그라인의 사전적 의미는 "배우 대사의 마지막 줄"이다.

셰익스피어의 작품 중 햄릿의 유명한 독백 "죽느냐 사느냐, 그것이 문제로다(To be or not to be? That is the question)"를 살펴보자.

햄릿이 혼잣말로 한 태그라인을 기억하는가? 그것은 "내 모든 죄가 기억되게 하오(Be all my sins remember'd)"다. 햄릿의 대사는 맥락상, 그가 결단을 내리기 어려운 이유를 압축적으로 묘사하면서 감성적으로 마무리된다.

"죽느냐 사느냐"는 400여 년 전 셰익스피어가 극본을 쓴 이후 지금까지 계속 울림을 남기는 주제 또는 슬로건으로 볼 수도 있다. 영문학 작품에서 가장 기억에 남는 대사 중 하나다.

이 책의 독자를 포함해 많은 마케팅 담당자들은 '태그라인'과 '슬로건'이 이름만 다를 뿐 같은 것이라고 생각한다. 그러나 실제 이 둘은 서로 다르다.

태그라인은 대사의 마지막 부분이다. 마케팅 담당자들은 그들의 광고나 방송이 끝날 때 태그라인과 브랜드 로고를 결합시키는 방식을 자주 취한다.

자동차 산업에서 네 가지 최신 사례를 살펴보자.

놀라운 파워
The power to surprise

줌, 줌 마즈다
Zoom-Zoom

주행 중의 자신감
confidence in motion

진보
Advance

네 개의 태그라인은 평균 2.5개 단어로 짧게 구성되었다.

아마도 단어 몇 개로 로고와 결합이 용이하기 때문에, 짧은 태그라인을 선호하는 경향이 강하다. 그러나 태그라인은 이 책에서 강조하는, 기억력을 높이는 방법에 부정적인 영향을 준다.

주지하다시피 슬로건은 반드시 짧아야 하는 것은 아니다. 기억에 남는 슬로건 중에는 꽤 긴 슬로건도 있다.

"When it absolutely, positively has to be there overnight(반드시, 확실히 하루 만에 도착해야 할 때)"는 전 세계에서 가장 규모가 큰 항공운송 회사 페덱스(FedEx)의 아홉 개 단어로 된 슬로건이다. 이 사례는 '반복'이 어떻게 기억에 남는 슬로건을 만드는지 보여준다.

'slogan'이라는 단어는 예술과 문학, 법률 체계를 갖추고 있던 유럽의 위대한 문명 중 하나인 아일랜드의 켈트 문명에서 유래했으며, 오랜 역사를 간직하고 있다.

9세기 무렵 아일랜드 북동쪽에 살던 켈트족이 스코틀랜드의 서쪽 섬으로 이동하기 시작했다. 그들은 '스코틀랜드 게일인'으로 불렸고, 그들의 언어는 '스코틀랜드 게일어'로 알려졌다.

'슬루아그 가럼(Slaugh gairm)'은 스코틀랜드 게일어로 '함께 외침'이라는 뜻이며, '전장의 함성'을 의미했다. 슬루아그는 사람이나 군대를 의미하며 가럼은 외침을 뜻한다. 슬루아그 가럼이 영어에 영향을 주어 'slughorn', 'sluggorne'을 거쳐 'slogan'이 되었다.

영국 왕의 "신과 나의 권리(Dieu et mon droit)"처럼 많은 슬로건이 전장의 함성으로 오랫동안 사용되었다.

"신과 나의 권리"는 1346년 크레
시(Crécy) 전투(영국과 프랑스 간에 일어난 백년전
쟁 중 가장 중요한 전투를 일컫는다 – 옮긴이)에서
에드워드 3세가 사용한 전투 함성이
다. 이 구호가 에드워드 3세의 승리에 어떤 역할을 했는지는 알려져
있지 않지만, 큰 활이 중요한 역할을 한 것은 분명하다.

태그라인과 달리 전장의 함성이나 슬로건은 전투의 끝이 아닌 시
작 시에 사용되며, 군의 사기를 좌우한다.

1770년대 독립전쟁에서는 "자유 아니면 죽음을!(Liberty or death!)",
"뭉치지 않으면 죽는다!(Join or die!)", "나를 짓밟지 말라(don't tread on me)"
등 다양한 구호가 사용되었다.

마지막 구호 "나를 짓밟지 말라!"는 독립혁명 당시에 방울뱀을 시
각화한 심벌과 함께 가장 많이 사용되었다. 이 사례는 비주얼 해머와
언어적 못이 얼마나 잘 어울리는지를 보여준다.

한 세대가 지난 후 오리건주 지역의 북쪽 경계를 놓고 영국과 다
툴 때 또 다른 기억할 만한 전장의 함성이 만들어졌다. 영국은 미국과
캐나다의 국경을 북위 42도에 만들고자 했으나, 미국은 북위 54도
40분에 설치하기를 주장했다. 양쪽이 거칠게 밀어붙이자 "54도 40분
이 아니면 전쟁을(Fifty-four forty or fight)!"이라는 구호가 등장했다.

1776년과 1812년 두 차례의 전쟁 이후 제임스 포크(James Folk) 대통

령은 북위 49도를 국경선으로 정했다.

19세기 후반 쿠바에서는 스페인의 식민 지배에 대항해 독립운동이 벌어져 자치 정부가 수립되었다. 그러나 정권을 양도한 지 11일 후에 아바나에서 스페인 관료들이 폭동을 일으켰고,

메인호를 기억하라,
스페인을 지옥으로!

미국 대통령 윌리엄 매킨리(William McKinley)는 자국민을 보호하려고 전함 메인(Maine)호를 아바나로 급파했다.

그로부터 3주 뒤에 거대한 폭발이 일어나 메인호는 침몰하고 선원 266명이 사망하는 사건이 발생했다. 폭발의 원인은 분명히 밝혀지지 않았지만, 당시 미 해군은 선체 하부에 외부 폭발이 일어나 탄약고로 불이 번졌다고 결론을 내렸다. 그런데도 미국의 신문들은 스페인을 맹렬히 비난했다.

대중은 "메인호를 기억하라, 스페인을 지옥으로!(Remember the Maine, To hell with Spain!)"라는 구호로 전쟁을 외쳤다.

한 세기가 지난 후 미국은 150만 명의 희생자를 낸 참혹한 전쟁, 제1차 세계대전에 참전했다. 나중에 제1차 세계대전은 "모든 전쟁을 끝내는 전쟁(The war to end all war)"으로 일컬어졌다

무엇이 군대의 구호를 기억하게 하는가? 다음 네 구의 미군 구호는, 무엇이 전장의 함성을 기억하게 하는지 일깨워준다.

| 나를 짓밟지 말라!
Don't tread on me | 메인호를 기억하라, 스페인을 지옥으로!
Remember the Maine. To hell with Spain |
| 54도 40분이 아니면 전쟁을!
Fifty-four or fight | 모든 전쟁을 끝내는 전쟁
The war to end all wars |

이 네 개의 전장의 구호 중 잘 기억되지 않는 것은 "나를 짓밟지 말라"이며, 나머지 세 개는 유난히 잘 기억된다.

당신이 역사가가 아닌 이상, 비록 미국 전쟁사에서 가장 중요한 독립전쟁의 슬로건이긴 해도 "나를 짓밟지 말라"를 기억하지 못할 것이다. 티 파티(Tea Party) 사건에서 "나를 짓밟지 말라"라고 쓰인 깃발이 비공식적인 상징으로 사용되었지만, 후대들이 그 슬로건을 기억할지는 의문이다.

다른 세 개의 슬로건을 잘 기억나게 하는 머릿속 접착제는 두운, 각운, 반복이다.

두운　Fifty-four forty or fight

각운　Remember the Maine. To hell with Spain

반복　The war to end all wars

마음을 움직이는 프랑스 혁명의 구호는 프랑스의 국시가 되었다. 미국인 대부분이 프랑스의 국시는 알지만, 미국의 국시는 얼마나 알고 있을까?

미국의 국시 "우리는 신을 믿노라 (In God we trust)"는 1956년 아이젠하워 대통령의 서명으로 확정되었다. 이 국시는 국새에 새겨져 1782년부터 사용된 비공식적 표어 "다수로부터 하나로(E pluribus unum)"를 대체했다. "우리는

Liberté · Égalité · Fraternité
RÉPUBLIQUE FRANÇAISE
"자유 · 평등 · 박애"_프랑스공화국

신을 믿노라"는 1864년 동전에 등장했고, 1957년부터는 지폐에도 사용되었다. 이는 남북전쟁 당시 앤티텀 전투(Battle of Antietam)에서 제125 펜실베이니아 보병 사단이 처음으로 사용했다.

미국인 대부분이 "우리는 신을 믿노라"와 "다수로부터 하나로"를 알고 있지만, 프랑스의 국시 "자유, 평등, 박애"처럼 감동적으로 생각하지 않는다.

표어와 슬로건은 너무 많은 것이 문제다. 슬로건은 '기억'보다 메시지의 '내용'에 초점을 맞춰 만들기 때문이다.

기억되지 않으면 슬로건은 효과가 없다. 이어지는 장에서는 기억에 남는 슬로건을 만들기 위한 다섯 가지 기법, 즉 각운, 두운, 반복, 대조법, 중의법에 대해 좀 더 구체적으로 살펴보겠다.

이 기법들을 섞어 쓰면 오래 기억될 슬로건을 만들 수 있다. 벤저민 프랭클린(Benjamin Franklin)이 만든 명언을 보면 단어 14개로 만들었으며, 네 가지 기법을 총 여섯 번 사용했다.

"Early to bed and early to rise, makes a man healthy, wealthy and wise(일찍 자고 일찍 일어나면, 건강하고 부유하며 지혜로워진다)"

1개 반복	Early & early 일찍과 일찍
1개 대조법	To bed & to rise 자고와 일어나면
2개 두운	Makes & man, Wealthy & wise 만들기와 남자, 부유함과 지혜로움
2개 각운	Rise & wise, Healthy & wealthy 일어남과 지혜로움, 건강과 부유함

"일찍 자고 일찍 일어나면"이 280년 동안 지속된 것은 그럴만한 이유가 있었다.

05

각운

법조계에서 게리 스펜스(Gerry Spence)는 "미국 최고의 법정 전문 변호사"로 이름이 높다. 41년간 형사 배심원 재판에서 패소한 적이 없다. 증언에 따르면 그는 의뢰인의 변론을 맡기로 결정하는 순

미국 최고의 법정 전문 변호사

간, "재판의 최종진술에 사용할 캐치프레이즈를 만들었다"고 한다.

게리 스펜스는 "구절, 주제, 슬로건을 선택하자"면서 "그것은 주장의 주요 논점을 보여준다"고 했다. "주제는 궁극적인 주장을 뒷받침하는 이야기의 요약"이라는 것이다.

그는 캐런 실크우드(Karen Silkwood) 재판에서 한 시민이 키우던 사자

가 탈출해 이웃에게 심각한 상처를 입힌 이야기를 판사에게 하고 나서, 근원적으로 위험한 물질을 비축해온 커맥기사(Kee-McGee Corp.)의 사례와 연결시켜 설명했다.

그리고 이 두 사건을 결합해 슬로건을 만들었다. "만약 사자가 나갔다면, 커맥기가 보상해야 합니다(If the lion gets away, Kerr-McGee must pay)." 결국 커맥기사는 1050만 달러를 캐런 실크우드의 아이들에게 보상했다.

이와 같은 전략은 1995년 O. J. 심프슨(O. J. Simpson)의 살인 사건 재판에서 변호를 맡은 조니 코크런(Johnie Cochran)에게서도 찾아볼 수 있다. 재판에서 심슨은

전 부인 니콜 심슨(Nicole Simpson)과 그녀의 친구 로널드 골드먼(Ronald Goldman)을 죽일 때 살인범이 사용한 가죽장갑을 착용하려고 애를 썼다. 조니 코크런은 "만약 장갑이 맞지 않으면 심슨은 무죄다"라고 했고, 결국 판사는 무죄를 판결했다.

렉서스(Lexus)는 매년 가장 기억에 남는 광고 캠페인 중 하나인 "기억하는 12월(December to Remember)"을 내보낸다. 렉서스 지붕을 커다란 빨간 리본으로 장식한 TV 광고를 18년간 연이어 방영했다. 렉서스의 연말특별 할인 행사를 알리는 광고였다. 미국의 자동차 업계는 매년 160억 달러의 광고비를 사용하는데, 대부분은

기억하는 12월

TV 광고에 집중한다. 렉서스 브랜드는 전체 광고비의 2% 정도만 이 캠페인에 지출하며, 이 TV 광고비는 그 2%의 일부에 불과하다. 다른 98%의 광고는 거의 잊혔지만, "기억하는 12월" 광고는 많은 소비자들이 여전히 기억한다.

간단히 각운을 활용한 광고는 매우 효과적일 수 있다. 한 사례로 48만 8000명의 직원과 연 680억 달러의 매출을 올리는 미국 우편 서비스(U. S. Postal Service)의 경우도 이와 비슷하다.

다양한 서비스를 홍보하기 위해 우편 서비스는 광고에 수백만 달러를 지불했다. 우편 서비스의 최근 광고 중 기억나는 것이 있는가?

"딱 맞으면 보냅니다(If it fits, it ships)."

아마 이 하나가 떠오를 것이다.

좋은 슬로건은 모든 이야기를 다 할 필요가 없다. 특히 이야기가 복잡할 때는 더욱 그렇다. "딱 맞으면 보냅니다"는 미국 우편 서비스의 다양한 박스 크

딱 맞으면 보냅니다

기와 이에 맞는 요금을 적용한 배송비를 보여준다. 따라서 그들의 박스 중 하나에 짐을 꽉 채워 넣을 수 있다면, 그 물품은 정액의 요금으로 운송된다. 우편 서비스는 "이제 정액제로, 국내 어디든 네 개 박스 중 선택해 보낼 수 있습니다"라고 말한다. 이는 정확한 메시지이지만, 이런 식의 표현은 몇몇 사람들에게만 기억된다.

중소기업의 경우는 어떠한가? 자사의 브랜드를 만들어내는 데 각

운을 사용하는가? 물론, 그렇다. 기억에 남을 만한 각운을 만들기 위해 많은 예산과 TV 캠페인을 준비할 필요는 없다.

매사추세츠 브록턴(Brockton)에 있는 한 해산물 식당은 재치 있는 각운으로 지역에서 유명해졌다. '맥머나미 시푸드(McMenamy's Seafood)'는 핵심 메시지만 담아 "We sell fresh fish(신선한 생선을 팝니다)"라고 써놓았다. 그러나 각운을 활용한 "fresh fish"는 확실히 기억에 남는다.

오늘 산 생선은 어젯밤 버저즈만에 있었습니다(The fish you buy today swam last night in Buzzard's Bay)

내가 살고 있는 애틀랜타의 유니언 미션(Union Mission)은 노숙자를 위한 가장 규모가 큰 자선단체다. 그 슬로건은 "당신의 도움으로 생명을 살립니다(Saving lives with your help)"였다. 최근에 이 비영리단체는 '애틀랜타 미션(Atlanta Mission)'이라는 새로운 이름과 "집 없는 사람이 없도록(Ending homelessness)"이라는 더 기억에 남는 슬로건을 만들었다. 각운이 들어간 'homelessness'는 'homeless'라는 개념보다 더 기억에 남는다.

각운을 잘 활용한 브랜드로는 펩시콜라(Pepsi-Cola)가 있다. 1930년대 불황기에 펩시콜라는 6.5온스(약 200ml – 옮긴이) 병에 담긴 코카콜라와 12온스(약 360ml – 옮긴이) 병에 담긴 펩시콜라를 비교하는 라디오 광고를 시작했다.

1930년대에 어린 시절을 보낸 분들 대부분은 그림의 광고를 기억할 것이다(내 아버지도 그렇다).

펩시는 운이 좋았다. 오늘날이라면 '5센트 비용으로 두 배 더 많이(Almost twice as much for a nickel too)'라는 주장에 대해 코카콜라가 소송을 제기했을

것이다. 시적 운율이 정확하지 않고, 공정한 비교도 아니기 때문이다.

소비자는 브랜드뿐 아니라 각운에서 유익함을 느낀다. 각운은 일상에서 사실을 기억하는 데 도움이 되는 좋은 방법이다. 액체의 무게는 어떻게 표시되는가?

"A Pint's a Pound the World Around(전 세계적으로 1파인트는 1파운드다)."

이는 물 무게와 대부분의 액체 무게를 계산하는 데 유용하다. 1쿼트는 2파운드, 1갤런은 4파운드다. 이것은 물론 대략적인 무게인데, 물 1파인트는 1파운드가 조금 넘는다. 실제로 1파운드는 0.69온스(약 20.4ml — 옮긴이)다.

각운 없이 각 달의 일수를 알 수 있을까?

"Thirty days hath September. April, June and November(9월은 30일. 4월, 6월, 11월도 30일)."

기억력을 높이는 각운과 장치는 지루한 인생을 재미있게 해준다. 이 30일 2행시는 16세기까지 거슬러 올라간다.

사람들은 "'I before E except after C('E' 앞에 'I'는 'C' 뒤에서는 예외)"라는 각운을 반복함으로써 맞춤법을 익혀왔다(사람들이 Rise의 스펠링을 물어보면 이 운율을 상기시킨다).

다음에 소개하는 단순한 각운조차 왜 잘 기억되는 것일까? 머리가 작동하는 방식을 고려하면, 이 단순한 각운이 왜 기억되는지 이해할 수 있다.

That's the story, Morning Glory
이것이 모닝글로리 이야기

Up your nose with a rubber hose
콧구멍엔 고무호스를

A blast from the past
불현듯 생각났어

Liar, Liar, Pants on fire
거짓말, 거짓말, 바지에 불났다

No pain, no gain
고통 없이는 성취도 없다

Paralysis by analysis
분석에 의한 침체

Shop'til you drop
망할 때까지 사재기

When in doubt, throw it out
의심은 날려버려라

머리는 단어나 구, 문장, 아이디어를 나누지 않는다. 머리는 소리를 정리할 뿐이며, 'Principal', 'Principle' 등의 비슷한 소리는 같은 것으로 인식한다.

머리에서 소리를 체계화하는 물리적인 장치는 뇌에 존재하는 대략 1조 개의 뉴런이다. 이것은 각운과 다른 기억 기법의 영향력을 책임지는 뉴런 사이의 연결을 의미한다.

전자 제품처럼 조합이 가능한 100조 개의 연결과 함께 머릿속에서 각운이 물리적으로 연결된다. "당신의 콧구멍에 고무를 ……(Up your nose with a rubber ……)"까지 들었을 때 머리는 즉각 '고무호스(rubber hose)'라는 말을 떠올려 문장을 완성시킨다. "의심은 날려"를 들으면, '버리다

(out)'라는 단어를 즉시 덧붙인다. 이와 같은 무의미한 말이 머릿속에 함께 고정되면, 그것은 쉽게 잊히지 않는다.

또한 무의미한 말을 더 의미 없이 만들어 기억 가능성을 높인다. 무의미한 말은 다르기 때문에 기억에 남는다.

영화 〈하늘에서 음식이 내린다면(Cloudy with a Chance of Meatballs)〉은 2억 4300만 달러를 벌어들여 대성공을 거두었다. 이에 따라 이 영화를 만든 회사 빅 애스 팬(Big Ass Fans: 이전 이름 HVLS Fan Co.)은 한 해에 25~30%의 성장률을 기록했다. 다시 말해 시각적인 '충격'만큼 언어적인 '충격'도 작용한다.

두 그림 중 어느 쪽이 더 주목을 끌 것 같은가? 두 얼굴은 차이가 있기 때문에 충격적이다. 진화가 만들어낸, 변화에 민감한 조상들의 시각 체계는 사냥감을 찾거나 적을 피할 때 유용한 습성이다.

각운과 '충격' 또는 낯선 단어가 결합하면, 기억에 남는 이야기나 책, TV 쇼를 만들어낼 수 있다.

작가 닥터 수스(Dr. Seuss)가 쓴 47권의 아동 도서는 이 원칙을 분명히 보여준다.

어린이를 위해 만들어진 이 책의 우스꽝스러운 각운의 존재는, 고리타분한 경영진에게 회사나 브랜드의 슬로건은 각운이나 기억을 향상시키는 다른 장치를 피해야 하며, 진지하고 짧고 사기를 높이며, 기업이 꿈꾸는 커다란 구상에 초점을 맞춰야 한다고 확신시켰던 것 같다.

일본의 6대 가전제품 회사가 미국에서 사용하는 슬로건은 오른쪽 그림과 같다.

슬로건을 보고 회사를 알 수 있는가? 아니, 하나라도 맞힐 수 있는가? 아마도 알 수 없을 것이다.

HITACHI   미래를 불어넣는, 히다치

Panasonic   생활을 위한 아이디어, 파나소닉

NEC   혁신으로 무장한, 엔이시

TOSHIBA   혁신을 이끈다, 도시바

FUJITSU   무한한 가능성, 후지쯔

SONY   생산, 신뢰, 소니

기업이 기억에 남는 슬로건을 만들어내지 못하면, 브랜드를 구축하기 어렵다. 그리고 강력한 브랜드를 구축할 수 없다면, 돈을 벌 수 없다.

지난 10년간 일본의 여섯 개 가전제품 회사는 4조 1000억 달러를 벌었으나, 여전히 131억 달러의 적자를 기록하고 있다. 세계적인 브랜드 소니도 지난 10년간 36억 달러의 손해를 보았다.

이 여섯 개의 브랜드 슬로건은 너무 짧다는 문제가 있다. 하나는 네 단어, 세 개는 세 단어, 나머지 두 개는 두 단어로 만들어졌다. 두 단어 슬로건은 각운을 맞추기 어렵다. 네 단어의 경우에도 제한이 있다. 그러나 회사 내부에서는 태그라인식 아이디어인 짧은 슬로건을 생각해내라는 압박이 다소 있었을 것이다. 이는 그나마 부분적인 문제다. 이 여섯 개 회사처럼 하나의 브랜드명 아래 모든 것을 넣어버리

면, 마케팅 슬로건이라고 할 만한 특별함을 전혀 찾아볼 수 없다. 평범한 슬로건이 된다.

오랫동안 지속된 유나이티드 항공사(United Airlines)의 슬로건을 보자. 유나이티드 항공사는 왜 각운도 들어 있고 두운도 맞춘 슬로건을 전 세계적으로 포기하고, 감성이 부족한 "이륙할 시

유나이티드의 친절한 여행

간(It's time to fly)"을 선호했는가? 이는 오랜 지연 끝에 이륙하면서 기장이 하는 멘트로 들린다.

원래 사용하던 슬로건 "유나이티드의 친절한 여행(Fly the friendly skies of United)"에는 경쟁 항공사와 차별화된 '친절'이라는 긍정적인 태도가 담겨 있다.

태그라인식 사고는 슬로건을 바꾸게 하는 원인이 된다. 유나이티드 항공사는 최근에 잘못을 깨닫고 "친절한 여행(Fly the friendly skies)"으로 되돌아갔다.

슬로건 "Ace is the place with the helpful hardware man(철물을 다루는 남성에게 도움이 되는 곳, 에이스)"을 살펴보자. 이 슬로건은 성(性)이 문제가 되자, 세 단어만 이용해 "The helpful place(도움이 되는 곳)"로 짧게 바꾸었다. "The helpful place"는 짧고, 기존의 것과 동일한 가치를 전달하지만, "Ace is the Place(그곳, 에이스)"라는 각운과 기억되기 쉬운 요소를 잃어버렸다.

나라면 기존 슬로건에 두 단어를 추가하라고 했을 것이다. 남성들은 "철물을 다루는 남성에게 도움이 되는 곳, 에이스"라고 말할 수 있었다. 그렇다면 여성은 'And woman(과 여성)'이라는 단어를 남성 뒤에 추가하면 된다. 에이스는 잠깐 이 방법을 사용하기도 했다.

폴저스 커피(Folgers Coffee)의 슬로건 "The best part of waking up is Folgers in your cup(아침을 여는 가장 좋은 방법. 당신 컵 안의 폴저스)"은 11개 단어로 구성되었다. 20년 전 폴저스는 커피 시장에서 맥스웰하우스를 30% 앞질렀는데, 현재는 70%나 앞서가고 있다. 폴저스의 슬로건은 실제로 주목할 만한 이유가 있다. 커피는 하루 종일 소비된다. 오후 5시에도 스타벅스는 붐빈다. 그런데 왜 아침에 초점을 맞췄을까?

한 가지 이유는 'waking up(아침을 여는)'과 '컵(cup)'의 각운이 맞기 때문이다. 다른 이유는 심리적인 것이다. 슬로건 "아침을 여는 가장 좋은 방법"처럼 아침 식사에 폴저스가 적당하다고 생각하면, 하루 중 언제 마셔도 좋다고 생각할 것이다.

기억에 남는 슬로건을 만드는 것만으로는 부족하다. 효과적인 슬로건을 위해서는 브랜드와 연결되어야 한다. 이 때문에 "당신 컵 안의 폴저스(Folgers in your cup)"처럼 브랜드를 슬로건 안에 포함해 효과를 극대화해야 한다.

맥스웰하우스가 오래도록 사용해온 "마지막 한 방울까지 좋은 커피(Good to the last drop)"는 재치 있는 슬로건이지만, 효과적이지 못하다. 많은 커피 소비자가 "마지막 한 방울까지 좋은 커피"와 맥스웰 하우스를 연결하지 못했다.

각운을 살리면서 짧은 슬로건을 만드는 것은 매우 어렵지만, 가능하다. 찰스 쇼 포도주(Charles Shaw wine)를 보라.

이 포도주는 캘리포니아주의 트레이더 조(Trader Joe's grocery stores)에서만 판매되었다. 가격은 한 병에 1.99달러로, 누군가가 찰스 쇼 포스터 상단에 각운을

살린 슬로건을 배치하자는 아이디어를 냈을 것이다. "2달러짜리 찰스(Two-Buck Chuck)"는 캘리포니아의 트레이더 조에서만 판매되었지만, 광고도 없이 미국에서 가장 많이 팔리는 포도주 브랜드가 되었다.

슬로건은 오랫동안 효과를 발휘해야 한다. 알카셀처(Alka-Seltzer)의 슬로건 "쿵 쿵 슉 슉, 오 살았다!(Plop, plop, fizz, fizz, oh what a relief it is!)"가 그렇다.

"You scream, I scream, we all scream for ice cream(너도 비명, 나도 비명, 우리 모두 아이스크림 달라고 아우성)?"은 어떤가? 터무니없지만, 반복과 각운 때문에 기억에 남는다. 만약 'I scream for ice cream(아이스크림을 향한 나의 비명)'이라면 거의 기억되지 않을 것이다.

바운티(Bounty)의 슬로건 "빠르게 집어 쓰는(The quicker picker upper)의 경우를 보자. 낸시 워커(Nancy Walker)는 한 광고에서 엎질러진 것을 바운티로 깨끗이 닦

아내는 식당 종업원 로지(Rosie)를 30년간 연기했다. 기억이 잘되는 언

어적인 각운과 시각적인 일관성이 바운티를 1등 키친타월 브랜드로 만들었다. 오늘날 바운티는 2위인 클리넥스 비바(Kleenex Viva)보다 25% 이상 더 많이 팔린다.

P&G는 바운티의 오랜 성공에도, 슬로건을 그냥 두지 못하고 현재까지 네 차례나 어설프게 변경했다.

1967~1980년	**빠르게 집어 쓰는** The quicker picker upper
1980~1994년	**도톰하게 빠르게 집어 쓰는** The quicker thicker picker upper
1994~2009년	**솜털처럼 부드럽게 빠르게 집어 쓰는** The quilted quicker picker upper
2009년~현재	**도톰하게 빠르게 집어 쓰는** The thick quicker picker upper

이런 변화를 통해 원래 슬로건보다 좋아졌는가? 아니다. 사람들 대부분은 바운티를 여전히 "빠르게 집어 쓰는"으로 인식했다.

또 다른 P&G 캠페인에서 미스터 휘플(Mr. Whipple)은 차민(Charmin)의 두루마리 휴지를 눌러보는 소비자를 꾸짖는 슈퍼마켓 매니저로 등장한다. 그  광고에서 사람들 모르게 같은 행동을 하는 미스터 휘플이 웃음을 선사한다. 두루마리 휴지를 누르는 시각적인 행위는 '부드러움'이라는

아이디어를 차민이 선점하도록 했다. BMW의 '주행'과 폴저스의 '아침 식사'처럼 단순한 아이디어가 차민을 수십 년간 시장의 리더로 만들었다.

"차민은 눌러보지 마세요(Don't squeeze the Charmin)"는 부드러움을 꼭 집어내는 슬로건으로, 언어적으로 파괴력 있는 문장이다. 단, 한 단어만 추가하면 슬로건의 힘은 더 커진다.

앞에서 예로 든 에이스의 경우처럼 please(제발)와 squeeze(누르다)의 각운 때문에 "Please don't squeeze the Charmin(제발, 차민은 눌러보지 마세요)"은 기억에 남는다["Ace is the Place(에이스는 공간입니다)"와 유사하다]. 딕 윌슨(Dick Wilson)이 연기한 휘플은, 부모가 새끼들에게 차민의 장점을 극찬하는 곰 가족 캐릭터로 대체되었다.

곰들이 광고를 하는 동안, 차민을 1등 두루마리 휴지로 만든, 부드러움이라는 발상은 모두 사라졌다. 이는 브랜드가 성장하면서 무슨 일이 일어나는지를 제대로 보여준다. 회사 내부에서는 시장을 더 넓히기 위해 브랜드를 확장하라는 요구가 더욱 거세진다.

현재 차민 화장지는 부드러운 울트라 소프트, 신축성 좋은 울트라 스트롱, 저렴한 베이식, 알로에와 비타민 E가 함유된 플러스 등 네 가지 종류가 있다.

차민이 부드러움에 초점을 맞췄을 때, P&G는 "차민은 눌러보지 마세요"라는 기억에 남는 아이디어를 만들 수 있었다. 현재 차민은 '부드러움, 신축성, 저렴함, 민감함'에 초점을 맞추고 있어, 이해할 수 있는 언어적 슬로건을 만드는 것이 극히 어려운 상황이다. 곰들이여 사라져라!

1950년대에 소개된 시계 브랜드 타이맥스(Timex)는 처음에는 많은 다른 유형의 시계를 만들려고 노력했다. 인쇄 광고에서는 타이맥스의 방수, 방진, 충격 방지 세 가지 모델을 광고했다. 헤드라인은 "상상해보라! 50달러 성능의 시계를 단돈 9.95달러에!(Imagine! The Features of a $50 watch for only $9.95)"였다. 1955년까지 타이맥스 브랜드는 전체 시계시장의 15%를 차지했으나 판매는 한계에 이르렀다.

이듬해에 타이맥스의 지주회사 유나이티드 스테이츠 타임사(United States Time Corp.)는 광고 역사에 길이 남을 텔레비전 캠페인을 방영했다. 타이맥스 시계를 착암기, 식기세척기, 수상스키 같은 기구에서 다양하게 사용해보거나 아카풀코 해변 절벽에서 떨어뜨리는 등 많은 혹독한 실험을 통해 슬로건의 타당성을 입증했다.

1970년까지 판매는 날개를 달았고, 타이맥스 시계는 30개 국가에서 팔렸다. 미국 시계 시장의 50%를 차지했고, 영국 시계 시장의 3분의 1을 차지했다.

많은 사람들이 "It takes a licking and keeps on ticking(심한 타격에도 째깍거린다)"를 여전히 기억한다. 다이아몬드처럼, 재치 있는 각운은 영원히 남는다.

TV 경찰 드라마 〈블루 블러드(Blue Bloods)〉의 한 장면에서 머리에 타격을 입은 피해자에게 질문하는 장면이 나온다. 그는 "심한 타격"이었고 "여전히 째깍거린다"고 답했다.

It takes a licking and keeps on ticking.

심한 타격에도 째깍거린다

사람들이 수십 년간 기억하는 각운을 사용한 또 다른 슬로건이 있다.

All the news that's fit to print
발행하기에 적합한 모든 뉴스

Click it or ticket
벨트 할래, 딱지 끊을래?

Drive sober or get pulled over
맑은 정신으로 운전할래, 단속될래?

상황이 바뀌었을 때 어떤 일이 생겼는가? ≪뉴욕타임스(The New York Times)≫ 역시 인터넷 서비스를 시작하면서, "게재하기에 적합한 모든 뉴스(All the news that's fit to go)"로 슬로건을 바꿔야 했다. 세계적으로 알려진 슬로건을 바꾸기 전에는 꼭 바꿀 필요가 있는지를 심사숙고해야 한다. 사람들 대부분이 잡지와 신문이 인쇄물뿐만 아니라 디지털 형태가 가능하다는 것을 알고 있다. 만약 ≪뉴욕타임스≫가 '발행하기에 적합한 모든 뉴스'를 실었다면, 웹 시대에는 '웹상에 게재할 모든 뉴스'를 실을 것이다.

그리고 페덱스는 "반드시, 확실히 하루 만에 도착해야 할 때(When it

absolutely, positively, has to be there overnight)"라는 슬로건을 사용하는 최고의 서비스이면서, 2~3일 만에 배송되는 항공 특송 서비스다. 페덱스는 16만 2000명의 직원을 보유하고 연매출 456억 달러의 수익을 올리는 기업으로, 서비스를 광고하는 데 1억 달러 이상을 지불해왔다.

페덱스의 최근 광고를 기억하는가? 아마 기억하지 못할 것이다.

연매출 3억 7000만 달러인 로토루터(Roto-Rooter)의 슬로건과 페덱스의 슬로건을 비교해보자.

FedEx 안심하세요, 페덱스입니다

FedEx 우리는 이해합니다

FedEx 물류 문제 해결

1933년 밀턴 앤드 새뮤얼 블랭크(Milton & Samuel Blanc)는 세탁기 모터, 롤러스케이트 바퀴와 강철 케이블을 이용한 하수관 청소 기계를 유행시켰다.

로토루터라고 불리는 케이블을 회전시켜 날카로운 날로 하수도관을 파낼 필요 없이 문제의 근원을 해결했다.

"이름 하여 로토루터, 하수관 문제를 날려드려요(Roto-Rooter, that's the name. And away go troubles down the drain)."

로토루터의 특허받은 기술을 자랑하는 이 슬로건을 회사 운수 트럭에 내걸었다. 그러나 회사는 21년이 지

Roto-Rooter, that's the name.

ROTO-ROOTER
And away go troubles down the drain.

이름 하여 로토루터 하수관 문제를 날려드려요.

난 후에야, 그들 브랜드에 유명세를 안겨준 이 슬로건을 정식으로 채택했다.

오늘날 기업 내부적으로 직원들에게 혁신을 강요하는 요구가 거세다. 미래는 기업의 혁신과 신제품, 서비스에 달렸다.

1933년, 로토루터는 혁신적인 신제품을 생산하는 기업이었다. 그러나 80년 동안 브랜드의 대표성을 유지해온 것은 단순한 각운의 '이름(name)'과 '하수구(drain)'였다.

그 증거로 하수관 청소 분야의 2위 업체가 무엇인지 생각해보자. 동종 업계에서 강력한 경쟁 브랜드가 없다면 성공한 브랜드라고 할 수 있다. 케첩의 하인즈, 마요네즈의 헬만스(Hellmann's), 화장지의 클리넥스(Kleenex), 하수관 청소 부문의 로토루터가 그렇다.

기타 여러 가지 각운이 활용된 슬로건은 오랫동안 소비자에게 영향을 주었다. 예를 들어 사과를 떠올려보자. 얼마나 많은 잡지가 건강과 만족을 다룬 기사에 사과를 심벌로 사용하는지 눈치챘는가? 또한 많은 건강 관련 단체가 시각적인 상징으로 사과를 사용해왔다. 사과 마니아들은 많은 조직에 어떻게 영향을 미쳤는가?

노 키드 헝그리, 우리의 영양을 나눠요

역사를 살펴보면, 1920년대에 런던의 광고 회사 매더 앤드 크로서(Mather & Crowther)는 사과를 판매하기 위해 캠페인을 만들었다. 슬로건은 "하루에 사과 한 알이면 의사와 멀어진다(An apple a day keeps the doctor away)"로, 건강한 먹을거리 개념을 사과와 연결시킨 것이 전부다. 이후 '건강'을 주제로 한 기사가 출판물에 실릴 때마다 자주 사과가 사용되었고, 많은 식품 관련 로고나 상징에 사과가 활용되었다. 사과 대신 오렌지나 복숭아, 바나나, 배, 포도, 라임을 사용하면 안 되나?

가장 건강에 좋은 과일을 선택하라면, 나는 블랙베리를 고를 것이다. 물론, 반대로 접근할 수 있다. 볶은 콩에 대한 인식을 활용해 문구를 만들면 이렇지 않을까.

콩, 콩, 음악적인 열매
더 많이 먹으면, 더 많이 뀌지

좋지 않다. 콩은 섬유질이 많이 함유된 덕에 영양가 높고 건강에 좋은 음식이다. 방귀 소리가 그 증거다.

만약 '파이버(fiber: 섬유)'와 함께 사용할 각운이 맞는 적당한 단어를 알아낼 수 있다면, 당신은 매더 앤드 크로서가 사과를 위해 만든 것처럼 콩을 위해 기억에 남는 문구를 만들 수 있다.

브랜드 슬로건을 개발하는 데 유용한 방법 중 하나는 소비자의 마음에 무엇이 자리 잡고 있는지 질문하는 것이다.

포도주를 예로 들어보자. 2010년 홍콩에서 있었던 경매에서 1869년산 샤토 라피트 로칠드(Chateau Lafite Rothschild) 한 병이 23만 2692 달러에 팔렸다. 이것은 무엇을 의미하는가? 오래된 포도주는 새 포도주보다 훨씬 가치가 높다. 이런 통찰력이 폴 마슨(Paul Masson) 브랜드의 슬로건에 담겨 있다. "우리는 때가 되지 않은 와인은 팔지 않습니다 (We will sell no wine before its time)."

사람의 특징을 각운으로 살릴 수 있다면 수십 년 동안 지속될 슬로건을 만들 수 있다. 예를 들면 야구 선수 "Stan the Man Musial(스탠 그분, 뮤지얼)", 오바마는 "No drama, Obama(드라마가 아닌 오바마)", 엘비스(Elvis)는 "Elvis, the pelvis(골반 엘비스)"로 만들 수 있다.

노 드라마   엘비스,
오바마   더 플레비스

많은 브랜드가 다양한 모습이 있다. 두 개 슬로건 사이에서 방향을 잡지 못한다.

플로리다주에서는 자동차 번호판에 플로리다를 대신해 "선샤인 스테이트(The Sunshine state)"라고 쓰며, '휴가지(The vacation state)'로서의 플로리다를 알리는 데 많은 광고비를 쓴다.

나라면 두 개 아이디어를 하나의 슬로건으로 합쳤을 것이다.

'태양에 가장 가까운 곳, 플로리다 (Florida, No.1 to the sun).'

태양에 가장 가까운 곳, 플로리다

리더십은 슬로건의 가장 좋은 구성 요소다. 만약 브랜드가 업종의 리더라면 다른 무엇보다 평범한 소비자를 생각하라.

06

두운

"스머커스와 함께 하면 맛있어질 거야(With a name like Smucker's, it's got to be good)."

이 책 초고를 작성하며 입력한 슬로건이다. 그런데 후에 구글에서 급히 찾아보니 실제 문구는 "스머커스와 함께 하면 맛있을 거야 (With a name like Smucker's, it has to be good)"였다. 이때 머릿속에서 어떤 일이 일어나는지 생각해보자. 'good'은 두운에 의해 'has'보다 'got'으로 재빨리 연결된다.

사실, 스머커스 슬로건은 그 자체로도 충분히 기억에 남는다. 그러나 최상의 슬로건은 두운을 사용함으로써 더 좋은 효과를 얻을 수 있다.

생각이 처음 떠오르면 머릿속에서는 생각을 표현할 단어를 기억해낸다. 첫 단어를 이해하면 자연스럽게 두운이 강조되어, 다음 단어로 이어진다. 앞의 문장 "스머커스와 함께 하면 맛있어질 거야"에서는 got이 이해된 후 good으로 자연스럽게 이어졌다.

이는 인간 기억 체계의 가장 중요한 원칙을 설명해준다.

확실히 뇌 속의 뉴런은 두운을 활용하지 않은 소리보다 두운을 활용한 '소리'와 훨씬 더 쉽게 연결된다. 두운을 많이 사용하면 할수록, 브라이크림(Brycream)의 슬로건 "A little dab'll do ya(가볍게 두드리면 멋진 당신이 된다)"처럼 더 잘 기억된다. "Fixodent and forget it(픽소던트로 치아 걱정은 잊어라)"처럼 브랜드명이 들어간 두운의 슬로건은 더욱 효과적이다.

광고에 쓰인 슬로건이 분명히 기억된다고 해도, 소비자가 슬로건을 브랜드와 연결하지 못하면 광고비를 날리게 된다. 두운은 슬로건을 소비자의 머릿속에 붙여놓는 접착제와 같다. 소비자가 브랜드를 떠올리려 할 때 머리는 두운이 활용된 단어를 찾아 기억과 연결한다. 각운이 강력한 기억장치이기는 하지만, 실제로는 두운이 기억할 기회를 더 많이 만든다.

제품명을 보자. 각운을 사용한 브랜드는 스테이크 앤드 세이크(Stake & Shake), 세이크 색(Shake Shack), 워키토키(Walkie Talkie), 호비 로비(Hobby Lobby), 핏비트(Fitbit) 다섯 개만 떠오른다.

반면 꽤 많은 브랜드가 두운을 사용한다. 다음 그림의 여섯 개 브랜드가 그렇다.

26개 알파벳으로 만든 5000개의 단어로는 200개 정도의 두운 조합을 만들 수 있다.

무의미한 두운 아이디어가 유명해진 경우도 있다. 리처드 닉슨(Richard Nixon)의 부통령 스피로 애그뉴(Sapiro Agnew)는 진보 매체로부터 "부정적인 수다쟁이 권력자(nattering nabobs of negativity)"로 불려왔다. 사전적 의미가 어떻든 간에 "수다쟁이 권력자"는 언론과 대중의 입에 오르내렸다.

더 많은 두운을 넣을수록 브랜드 슬로건은 더 잘 기억된다. "데비 더즈 댈러스(Debbie Does Dallas)"가 그렇다. 두운을 사용한 슬로건과 격언을 살펴보자.

Cash for clunkers
쓸모없는 돈 낭비

Feed a Fever, starve a cold
화를 돋우다, 추위에 굶주리다

He who laughs last, laughs best
최후에 웃는 자, 웃음이 최고

March Madness
미친 행진

The terrible twos
엄청난 커플

The fickle finger of fate
운명의 변덕스러운 손가락

Toys for tots
어린이를 위한 장난감

Waste not, want not
낭비 말고, 바라지 말자

M&Ms 슬로건 "Melts in your mouth. Not in your hands(입에서만 녹고, 손에서는 안 녹아요)"처럼 브랜드와 슬로건에 두운을 활용한 기법은 매

우 효과적이다. mouth(입)와 melts(녹다)의 두운인 M과 Ms를 브랜드명으로 사용해, 대성공을 거두었다.

새 브랜드를 출시하려는 회사가 일을 맡겨오면서 "회사 이름을 지은 다음 브랜드를 정하고, 그다음에 전략을 세울 것"이라고 말한다. "반대로 하세요." 평소에 우리가 하는 답이다. "전략 먼저, 그러고 나서 전략에 따라 브랜드명을 선택하세요."

물론 이 책에서 소개하는 언어적 기법을 하나 또는 그 이상 활용하고, 『시장을 움직이는 비주얼 해머』에서 소개하는 시각적 기법을 함께 적용해보자.

전략과 브랜드명, 이 두 가지 중 전략이 더 중요하다. 소비자가 전략과 브랜드명을 연결할 수 없다면 실패한 것이나 마찬가지다.

M&Ms 초콜릿, 허니 베이크드 햄(Honey Baked Ham), 테이터 토츠(Tater Tots)처럼 두운을 활용한 가장 좋은 사례로 레인지로버(Range Rover)의 성공담을 들 수 있다.

레인지로버를 만드는 회사는 수십 년 동안 사륜구동 자동차를 생산해온 영국의 랜드로버(Land Rover)다[현재 명칭은 재규어 랜드로버로, 인도의 타타자동차(Tata Motors)가 소유하고 있다].

랜드로버는 랜드로버와 레인지로버 모델을 생산하지만, 레인지로버 브랜드가 자동차 구매자에게 더 잘 알려져 있다. 레인지로버가 잘 알려져 있

고, 랜드로버는 그렇지 않기 때문에 많은 사람들은 레인지로버가 회사명이고 랜드로버가 모델이라고 생각한다. 이것은 레인지로버에 사용된 두운의 힘이다.

새로운 브랜드를 만들어 성공하기 어려운 영역이 자선과 기금 모금 분야다. 100만 개 이상의 조직이 국세청에 등록되어 있다.

만약 당신이 800만 달러의 기금을 당신 단체에 유치할 수 있는 빌 게이츠(Bill Gates)라면 굳이 기억에 남을 만한 명칭을 만들어낼 필요가 없다. 빌 앤드 멜린다 게이츠 재단(B&MGF: Bill & Melinda Gates Foundation)은 이를 아주 훌륭히 해냈다. 존 멜리아(John Melia)는 소말리아에서 근무 중에 헬리콥터 사고로 중상을 입었다.

수십 년 후 멜리아는 부상한 전역 군인과 그 가족을 돕는 부상병 프로젝트(Wounded Warrior Project)를 설립했다. 부상병 프로젝트는 2005년 법인이 되기 전까지 뉴욕의 미국척추협회(United Spinal Association)의 산하 기관으로 운영되었다. 이 시기에 그들은 활동하는 데 사용할 로고마크를 개발해 부상병의 침구용품, 필수품으로 가득 채운 배낭을 전달해왔다. 지난 10년간 부상병 프로젝트는 두운을 살린 브랜드명과 강렬한 로고마크 덕에 빠르게 성장했다. 2013년 모금액은 2억 2400만 달러에 달했다. 두운은 브랜드를 만들어내는 과정에서 강력한 힘을 발휘하지만 위험을 초래할 수도 있다.

부상병 프로젝트

1980년대에 쉐보레(Chevrolet)는 여덟 개의 모델을 판매했는데, 두 개 모델만 쉐보레의 두운을 따르지 않고, 다른 여섯 개 모델은 쉐보레의 두운을 활용했다.

1980년대 쉐보레 모델

한편으로는 일리가 있다. 소비자가 도로에서 쉐베트(Chevette)를 본다면 핵심 브랜드인 쉐보레를 떠올릴 것이다. 이것은 긍정적인 결과다. 그러나 다른 한편으로 쉐보레 모델이 모두 'C'로 시작하므로, 소비자가 다른 모델과 구분을 할 수 없다. 이것은 부정적인 결과다.

오늘날 쉐보레는 판매 중인 아홉 개 모델 중 네 개만 두운을 활용하고 있다. 그러자 앞서가기 시작했다.

모델명의 기능은 다른 제품 가운데서 한 제품을 식별하게 하는 것이다. 가령 쉐보레 코벳(Corvette)과 쉐보레 말리부(Malibu)를 분류해 머릿속에서 각각의 위치에 저장한다. 그러나 두운을 활용한 모델명은 이와 다르다. 머릿속에서 모델명이 하나로 묶이기 때문에 소비자가 혼동할 수 있다. 기업은 일반적으로 그것을 원한다.

그 단어를 슬로건에 포함하거나 슬로건과 브랜드명을 연결하라. 그러나 당신은 흔히 그렇게 하지 않는다.

미국 정부는 왜 메디케이드(Medicaid)와 메디케어(Medicare)를 연계했는가?

이 두 프로그램은 목표공중이 서로 다르다.

사회보장(Social Security)이라는 단어
를 들으면 어떤 프로그램인지, 누구를
위한 프로그램인지 재빨리 알아챌 수
있다. 하지만 메딕에이드나 메디케어
는 무엇을 말하는지 정확히 알 수 없다.

메딕에이드나 메디케어의 대상자가 아니라면 이 둘의 차이를 구
분할 수 없다.

IRS와 FBI의 경우 두 기관이 ① 미 국세청(Internal Revenue Service)과 ② 미
연방수사국(Federal Bureau of Investigation)인 것을 누구나 안다.

이 두 기관을 메딕에이드/메디케어처럼 만들려면 FBI보다는 IRS
의 이름을 FBI에 맞게 고치는 게 나을 것이다.

IRS는 미국인만을 대상으로 하기 때문에 진정한 의미의 인터내셔
널이 아니다. 'Service' 역시 모든 정부 기관에서 사용하는 포괄적 단
어다. 따라서 가장 중요한 단어는 Revenue이므로 이를 중심으로 IRS
의 이름을 다음과 같이 바꿀 수 있다.

FBI   Federal Bureau of Investigation
        연방수사국

FBR   Federal Bureau of Revenue
        연방국세청

FBI와 FBR은 계속 혼동이 될 것이다. 그렇다고 비웃을 것은 아니

다. 기업은 흔히 이런 발상을 한다.

어떤 부모들은 자녀의 이름을 랠프(Ralph), 로버트(Robert), 로저(Roger), 라이언(Ryan) 등 두운을 활용해 짓고는 기발하다고 생각한다. 하지만 이 때문에 친구와 친척들이 이름을 쉽게 구분하지 못하는 문제가 생기기도 한다. 그런 반면 많은 부모들이 성(姓)의 두운을 이름에 사용했을 때 얻을 수 있는 이점을 간과한다.

어떻게 하면 유명해질까? 유명세를 타려면 다양한 노력을 해야 하지만, 미디어를 활용하는 방법이 있다. 그러나 두운을 활용한 기억하기 쉬운 이름도 유명인이 되는 데 도움이 된다.

로널드 레이건

미키 맨틀

미키 마우스

메릴린 먼로

로이 로저스

로버트 레드퍼드

하지만 통계에 따르면 부모들은 아기 이름에 두운을 활용하는 것을 피한다고 한다. 미국인 성의 43%는 M, S, W, B, H 등 다섯 개 알파벳으로 시작한다. 하지만 최근에 많이 사용된 아기 이름 다섯 가지에는 이 알파벳이 하나도 포함되지 않았다.

반면 아기 이름에 많이 사용되는 알파벳은 A, C, J, E, L이 34% 정도를 차지했다. 알파벳 A는 아기 이름 14%에 쓰인 반면, 성에는 불과 3.4%만 사용되었다.

브랜드명을 만들 때 기업에서 고려해야 할 또 다른 두운 활용법이

있다. 브랜드명과 업종명의 강력한
연관성이다. 흔히 업종의 선도 브랜
드는 업종명에 두운을 활용한다. 예
를 들면 오른쪽 그림과 같다.

이 방법의 효과를 깨닫는다면 더
많은 마케터들이 업종명의 두운을 활
용할 것이다.

많은 선도 브랜드가 업종명을 두운에 활용하는 데는 심리적인 이
유가 있다. 어느 누구도, 단지 브랜드만 구입하지는 않는다.

소매점으로 들어가 '소니를 구입할 거예요. 비치된 모든 소니 제
품을 보여주세요'라고 하지 않는다. 소비자는 업종을 먼저 생각하고
다음으로 브랜드를 떠올린다. 그러고 난 뒤 베스트 바이(Best Buy: 미국 전
자제품 판매점이다 ─ 옮긴이)에 가서 소니 TV를 살펴본다.

업종 먼저, 그다음이 브랜드다. 소비자는 구매할 물건을 결정한
후에 브랜드를 결정한다.

새로운 업종에는 수백 개의 브랜
드가 난립한다. 개인용 컴퓨터의 경우
에도, 그림과 같이 잘 알려진 브랜드를
포함해 수백 개의 브랜드가 있다.

컴퓨터 구매를 결정할 때 소비자는 컴퓨터 회사의 다양한 요인을
살펴본다. 개인용 컴퓨터를 살 때 소비자의 머릿속에 제조회사와 컴

퓨터를 이어줄 연결 고리를 찾기 힘들다.

전화기가 연상되는 AT&T와 컴퓨터 사이에서 접점을 찾으려는 모습을 상상해보라. 딕타폰은 녹음기, 엑슨은 주유소, 모토롤라는 카오디오, 제록스는 복사기 이미지가 연상된다.

다른 컴퓨터 브랜드에도 비슷한 문제가 있다. 개인용 컴퓨터의 개척자인 애플조차 가정용 컴퓨터에는 어울리지만, 사무용 컴퓨터로는 어울리지 않는다. 이것이 바로, 최초의 16비트 사무용 PC인 IBM 5150이 시장에 소개된 뒤 애플이 사무용 컴퓨터 분야에서 선도 기업이 될 수 없었던 이유다.

그러나 IBM은 1등 자리를 계속 유지하지 못했다. IBM의 문제는 무엇인가? 최초의 사무용 PC는 맞지만, 이 브랜드 자체가 대형 컴퓨터를 주로 판매하는 브랜드로 인식되었다.

많은 영역에서 그렇듯이, 오래도록 선두를 유지한 브랜드는 그 분야 이외에 다른 어떤 것과도 연관되지 않는다. 바꾸어 말하면 새로운 브랜드는 짐이 되는 과거가 없다.

컴퓨터 업종에서 컴팩(Compaq) 브랜드는 많은 이점이 있었다. 두운 덕분에 많은 소비자들은 '컴퓨터 구입'이라는 말에서 컴팩 컴퓨터를 떠올렸다. 컴팩이라는 브랜드명에는 컴퓨터의 두운뿐 아니라 속성까지 포함되어 있었다(Compaq은 Compatibility와 Quality를 합성한 말이다 — 옮긴이).

놀랍지 않게도 컴팩은 2001년 휴렛팩커드에 인수되기 전까지, 전 세계 컴퓨터 기업 중 5년 연속 1위였다.

HP는 컴팩의 자산을 고려하지 않는 실수를 했으며 이로써 컴팩 브랜드의 자산을 잃어버렸다.

새로운 업종에서 두운은 매우 중요한 개념이다. 실크 소이 밀크(Silk Soy Milk), 매직 마커스(Magic markers), 세금 환급 소프트웨어 '터보 택스(TurboTax)'처럼 업종명의 두운을 활용해 브랜드명을 결정하는 것은 매우 현명한 방법이다.

실크(Silk)는 아몬드 밀크라는 새로운 제품을 소개하면서 어떤 일을 했는가? 그들은 두운을 잊고, 실크라는 이름을 사용했다. 이 브랜드를 위해 더 좋은 이름은 아멘 아몬드 밀크(Amen almond milk)였을 것이다. amen은 almond와 이중 두운을 이룬다.

경기가 회복되면서 폭발적으로 성장해 성업 중인 가사 돌봄 서비스를 살펴보자. 기억에 남는 세 개 브랜드는 두운을 활용한 몰리 메이드(Molly Maid),

메리 메이즈(Merry Maids)와 각운을 활용한 메이드 브리게이드(Maid Brigade)이다. 이는 흔치 않은 경우다. 신규 업종 중에 이 강력한 기법을 활용한 브랜드는 거의 없다.

영화는 두운과 기억력 향상 기법을 최대로 활용해야 한다.

그런데 그렇지 않다. 100편의 고전영화를 살펴본 결과, 두운을 사용한 제목은 〈킹콩(King Kong)〉, 〈마라톤 맨(Marathon Man)〉, 〈더티 댄싱(Dirty

Dancing)〉, 〈더 너티 나인티스(The Naughty Nineties)〉 이 네 개뿐이었다. 킹콩은 1933년에 상영된 영화로, 좋은 이름이 얼마나 오래도록 흥행하는지를 잘 보여준다.

우디 앨런(Woody Allen)의 연출작 51편 중 〈맨해튼 미스터리(Manhattan Murder Mystery)〉(1993), 〈불리츠 오버 브로드웨이(Bullets Over Broadway: 브로드웨이를 쏴라)〉(1993), 〈왓에버 웍스(Whatever Works)〉(2009), 〈매직 인 더 문라이트(Magic in the Moonlight)〉(2014), 〈돈 드링크 더 워터(Don't Drink the Water)〉(1994) 등 다섯 개 작품만 두운을 사용했다.

TV 프로그램의 경우에 두운을 활용한 제목이 많을 것 같지만, 그렇지 않다. 몇 편만 두운을 사용했다. 〈캔디드 카메라(Candid Camera)〉, 〈덕 다이너스티(Duck Dynasty)〉, 〈키핑 업 위드 더 카다시안(Keeping up with the Kardashians)〉, 〈매드맨(Mad Men)〉, 〈브레이킹 배드(Breaking Bad)〉 등이 두운을 활용해 성공한 사례다.

매년 뉴욕 링컨센터에서 열리며, 모차르트 음악을 주로 연주하는 여름 콘서트를 살펴보자. 이 콘서트는 '더 모차르트 페스티벌'이 아닌 '모스틀리 모차르트(Mostly Mozart)'라고 불리며, 49년이 지난 지금도 여전히 건재를 과시한다.

또한 2003년 광고 회사 임원인 시드 러너(Sid Lerner)가 기획한 미트리스 먼데이(Meatless Monday)라는 이벤트도 있다.

시드 러너는 콜레스테롤 수치를 현저히 낮춰야 한다는 것을 깨달은 후, 효과를 보려면 다이어트로 포화지방을 얼마나 없애야 하냐고 영양 전문가에게 물었다.

답은 15%로, 단지 하루 섭취량이었다.

폴 매카트니(Paul McCartney), 오프라 윈프리(Oprah Gail Winfrey), 리처드 브랜슨(Richard Branson), 오노 요코(小野洋子) 같은 유명인도 미트리스 먼데이를 지킨다고 밝혔다.

미트리스 먼데이 프로그램의 담당자인 페기 누(Peggy Neu)는 "조사 결과, 미국인 다섯 명 중 한 명이 미트리스 먼데이에 참여해 월요일에는 고기를 먹지 않는다"고 설명했다. 왜 월요일일까?

"월요일은 한 주를 시작하는 날로, 사람들이 건강에 특히 신경을 쓰기 때문"이라는 것이다.

애틀랜타의 교통 시스템을 '마르타(Marta: Metropolitan Atlanta Rapid Transit Authority)'라고 부른다. 도시 주민들 대부분이 그렇듯이 애틀랜타 주민들은 대중교통보다 자가용을 더 선호한다.

마르타 먼데이즈

우리는 대중교통 이용률을 높이기 위해 월요일에 무료로 이용할 수 있는 마르타 먼데이즈(Marta Mondays)를 제안했다.

이 때문에 교통 수입이 급격히 줄었겠다고 생각할 수 있지만, 그렇지 않다. 승차하는 사람들 대부분이 주간이나 월간 정기권을 구매한다. 일단 한 차례 시승해본 사람들은 만족해하며 도로가 아닌 철도를 선택했다.

2012년 대선에 사용된 버락 오바마의 "앞으로", 밋 롬니의 "미국을 믿습니다"처럼 정치 슬로건은 매우 짧아지는 추세다.

그러나 아주 효과적인 정치 슬로건 중에는 15자 길이의 긴 슬로건도 있었다. 이 슬로건은 잘 알려지지 않은 하원 위원을 뉴욕시장으로 당선시켰다.

카리스마의 8년과
클럽하우스에서의 4년,
이제 새로운 능력이 필요하지
않습니까?

"After eight years of charisma and four years of the clubhouse why not try competence?(카리스마의 8년과 클럽하우스에서의 4년, 이제 새로운 능력이 필요하지 않습니까?)"

에드 코크(Ed Koch)는 이전 시장들의 특징을 집어내어 본인의 선거 슬로건을 만들었다. "카리스마의 8년"이란 전임 시장 존 린지(John Lindsay)를, "클럽하우스에서의 4년"이란 전임 시장 에이브러햄 빔(Abraham Beame)을 비꼰 것이었다.

유권자들이 존 린지와 에이브러햄 빔이 비난받아 마땅하다고 인식하도록 한 것이다.

카리스마, 클럽하우스, 능력은 '하나, 둘, 셋'처럼 인식된다. 일반적인 유권자들은 앞의 두 문장이 맞으면 마지막 문장도 맞을 것이라고 추측한다.

뉴욕시장 에드 코크가 사람들을 맞이하며 인사말로 사용한 슬로건 "내가 어떻게 지내냐고(How'm I doin')"만이 그가 만든 슬로건 중

유일하게 기억에 남는 것은 아니다. 정치인들이 하는 뻔한 소리 중 하나는 온전한 평판 속에 사무실을 떠나는 선출직은 없다는 것이다. 그러므로 에드 코크와 같이 전임자의 실정을 지적하는 것은 좋은 전략이다.

사소한 개념에 두운을 넣어 유명해진 사례도 있다. 1991년 햄버거 가맹점 랠리스(Rally's)는 17살의 세스 그린(Seth Green)이 출연한 TV 광고를 내보냈다. 세스 그린은 프라이시스(Pricey's)라는 가게에서 고객이 품목을 추가할 때마다 차칭(Cha-Ching) 소리를 크게 내며 가라데 동작을 취했다.

이 광고의 핵심은 다른 패스트푸드점에서는 추가 주문을 하면 급격히 값이 오르지만, 랠리스에서는 식사비가 1.97달러에 불과하다는 것이다.

오늘날 차칭 소리는 값비싼 제품을 표현할 때 쓰인다. 차칭은 타임 레이드(Time Reid)가 펴낸 소규모 사업에 관한 책의 이름이며, 개인 재무관리 애플리케이션의 명칭이기도 하다.

매년 샌디에이고에서 열리는 코믹북 컨벤션에는 13만 명 이상의 팬들이 참가한다. 1995년 이 컨벤션의 명칭은, 팬들이 줄여 부르던 코믹콘(Comic- Con)으로 변경되었다.

새로운 이름은 다양한 PR 효과를 발생시켰고, 거기에는 다 이유가 있

었다. 코믹과 북, 그리고 컨벤션 등 중
요해 보이지 않는 세 개 단어를 강하게
묶어주었다. 코믹북 컨벤션에는 초등
학생, 고등학생, 보이스카우트 등등
어떤 그룹이라도 참여할 수 있었다.

　이름에 두운과 함께 역두운이 사용된 코믹콘은 특별한 것으로 소
비자의 머리에 각인될 수 있다.

　콘(Con)의 'C'는 코믹(Comic)이라는 단어의 처음과 끝에 반복된다. 따
라서 코믹콘은 두운과 역두운이라는 장점이 있다.

　Peo-ple(피플)은 두운을 갖춘 단어다.

　Ap-ple(애플)는 역두운을 갖춘 단어다.

　역두운이 쓰인 브랜드는 그다지 많지 않다. 수백 개 브랜드명을
조사해 여덟 개를 찾아냈다.

　보통은 자음이 반복되는 단어에 역두운이 쓰인다. 미시시피(Mis-
sis-sip-pi)는 하나의 두운과 세 개의 역두운이 있어 잘 기억되는 단어다.

　역두운이라고 해서 항상 자음이 반복되는 것은 아니다. 일본의
카메라 회사 캐논(Canon)은 발음이 Can-non(캔-논)이기 때문에 역두운
브랜드다.

　두운으로 합성한 단어는 좋은 브랜
드명이 된다. 블랙베리(BlackBerry)의 경우
가 좋은 예다. 블랙베리처럼 두 개 단

어를 조합해 사전에 등재되지 않은 단어를 만드는 것은 유용한 기법이다.

가령 버터볼 터키스(Butterball turkeys)의 로고마크는 버터볼을 모두 대문자로 썼는데(BUTTREBALL) 이는 별로 좋은 생각이 아니다. 대문자로 된 글자는 대소문자가 섞인 글자보다 읽기 어렵다. 대소문자를 혼용하는 것이 좋은 이유가 한 가지 더 있다.

ButterBall(버터볼)은 칠면조 브랜드의 전형을 보여준다. 두 개의 대문자가 두운을 강조한다.

기억 장치로서 두운은 활용하기 쉽고 효과적이다. "Peter Piper picked a peck of pickled peppers?(피터 파이터가 많은 피망 피클을 집어 들었다?)"를 쉽게 잊을 수 있을까? "Peter Smith gathered a lot of peppers he hoped to sell(피터 스미스는 판매하려고 많은 고추를 거둬들였다)"보다 훨씬 기억에 남는다.

게다가 첫 문구에는 피터(Peter)와 펙(peck)·페퍼스(peppers), 피퍼(Piper)와 픽트(picked)·피클드(pickled)에 '이중 두운'이 쓰였다. 이중 두운이 적용된 두 번째 단어 Peck은 첫 번째 단어인 Peter의 'pe'가 반복된다.

백인우월주의 단체 KKK(Klu Klux Klan)의 경우, 실제 이름은 쿠 클룩스 클랜(Ku Klux Klan)이다. 그러나 클룩스(Klux)와 클랜(Klan)의 이중 두운이 너무나 강력해, 사람들 대부분은 그 정식 명칭이 클루 클룩스 클랜(Klu Klux Klan)일 것이라고 추측한다.

두운은 당신의 마케팅 공구 중에서 가장 효과적인 수단이며, 사용

하기에 편리하다. 당장 사전을 찾아 브랜드명과 두운이 맞는 모든 단
어를 살펴보라.

"입에서만 녹고 손에서는 안 녹아요"와 견줄 만한 새로운 슬로건
을 찾아낼 수 있을지도 모른다.

07

반복

두운은 어렵고 각운은 더 어렵지만, 반복은 쉽다. 그저 슬로건에서 중요한 부분을 반복하면 된다. 그런데 왜 극소수의 기업에서만 반복을 사용할까?

질문에 대한 답을 알고 있다. 평균 딱 네 단어 길이의 슬로건으로 볼 때, 간결함이 요즘 추세임은 분명하다. 물론, 예전의 슬로건은 지금은 태그라인이라고도 한다.

태그라인은 길면 안 된다. 그러나 슬로건의 경우는 길어지면, 더 많은 의미를 만들 수 있다. 페더럴 익스프레스(Federal Express, 이하 페덱스)를 보자. 이 항공운송사는 'When it has to be there

하루 만에 반드시,
확실히 보내야 할 때

overnight(하루 만에 보내야 할 때)'라고 하는 대신, "When it absolutely, positively has to be there overnight(반드시, 확실히 하루 만에 보내야 할 때)"라는 단어 아홉 개로 구성된 슬로건을 활용해 세계적인 운송회사가 될 수 있었다.

이 항공운송사가 그 슬로건을 사용한 지 수십 년이 지났는데도, 페덱스에 대한 기사에서는 여전히 '반드시, 확실히'라는 단어를 찾아볼 수 있다.

그림은 ≪USA 투데이(USA Today)≫의 기사를 따온 것이다. "중국에서의 절대적이고, 확실한 영향력(Absolutely, positively a force in China)"이라는 헤드라인을 달았다.

이번에는 셰익스피어의 유명한 대사 "죽느냐 사느냐?(To be or not to be?)"를 보자. 그 대사를 'To be or not?'이라고 할 수 있었을까?

의미는 같지만, 원문의 시상(詩想)과 균형미는 사라진다. 햄릿의 대사 중 두 번째 'to be'는 페덱스의 '반드시, 확실히'와 쓰임새가 같다.

미국 육군의 슬로건 네 개를 살펴보자. 이 중에서 기억에 남는 것은 무엇인가?

 오늘의 육군이 당신의 입대를 원합니다(Today's Army wants to join you)
모든 역량을 발휘하라(Be all you can be)
하나의 육군(An Army of one)
강한 육군(Army strong)

10년 이상 사용되지 않은 두 번째 슬로건 "Be all you can be(모든 역량을 발휘하라)"일 것이다. 셰익스피어 작품의 대사처럼, 이 슬로건은 쓰임새보다 길다. 그냥 "Be all you can"이라고 할 수도 있었다. 뒤에 붙은 'be'는 시상과 균형미 외에는 의미가 없다.

다른 군도 오랫동안 기억에 남을 슬로건을 만드는 데 어려움을 겪었다. 많은 시도 끝에 미 공군은 "콜 앤드 리스폰스(call and response)"라는 슬로건을 만들었다. '에임 하이(Aim High: 목표를 높게)'라고 하면, '플라이파이트윈(Fly-Fight-Win: 날자, 싸우자, 이기자)'이라고 답한다.

'에임 하이'는 중의법 덕에 공군의 올바른 목표를 보여준다. 그러나 그 의도를 완성하려면 무언가가 필요하다. 높은 목표를 세워 무엇을 얻을 수 있는가?

그러나 그에 대한 회답인 '플라이파이트윈'은 형편이 없다. 물론 'Fly'와 'Fight'에는 두운이 적용되었지만, 두 단어를 빠르게 발음하려면 혀가 꼬인다. 더 나은 것은 '에임 하임' 하면 '윈(win)'이라고 하는 것이다.

미 해군은 공식적인 모토나 슬로건이 없지만, "내가 아닌 조국을 위해(Non sibi sed patriae)"가 비공식 슬로건으로 여겨진다.

군 슬로건의 승자는 모두가 기억하는, 여섯 단어로 된 해병대의 슬로건이다. 이 해병대의 슬로건은 감성적인 메시지를 전달하는 데 문장 구조가 얼마나 중요한지를 보여준다.

해병대는 소수이고 자랑스럽다
Marines are few and proud

소수의, 자랑스러운 해병대
The few. The proud. The Marines

"소수의, 자랑스러운 해병대"는 중요하지 않은 정관사 'The'를 반복함으로써 감성적인 수준을 높였으며, 해병대 대원이라는 자긍심을 극적으로 표현했다. 이 슬로건은 해병대라는 브랜

소수의, 자랑스러운 해병대

드를 구축했고, 해병대를 헌신적인 조직으로 만들었다.

탐스 슈즈(Toms Shoes)는 영리를 추구하는 신발 회사이지만, 프렌즈 오브 탐스(Friends of Toms)라는 비영리단체도 함께 운영하고 있다. 2006년 블레이크 마이코스키(Blake Mycoskie)가 설립한 이 회사는 안경과 신발을 디자인해 판매한다. 그들은 신발 한 켤레를 팔 때마다 가난한 어린이에게 신발 한 켤레를 기증한다. 탐스 슈즈의 슬로건 "Buy one, give one(하나 사면, 하나 기부)"은 아주 간결하고 기억하기 쉽다.

반복은 거의 모든 마케팅 슬로건을 강력하게 만든다. 몇 가지 예를 들어보자.

Don't clean it, OxiClean it
청소하지 마라, 옥시클린하라 _옥시클린(OxiClean)

Life is our life's work
삶은 우리 인생의 업이다 _화이자(Pfizer)

The milk lover's milk
우유 애호가들의 우유 _메이필드(Mayfield)

Better ingredients. Better pizza. Papa John's
더 좋은 재료, 더 좋은 피자, 파파존스 피자 _파파존스(Papa John's)

What happens here, stays here
여기에서 일어난 일은 여기에 두고 가라 _라스베이거스(Las Vegas)

효과적인 슬로건은 패러디를 만들어낸다. 아이들의 티셔츠에 적힌 "할머니 집에서 일어난 일은 할머니 집에 두고 가라(What happens at Grandma's, stays at Grandma's)"가 그렇다.

물론, 마케팅 전쟁에서 승자와 패자를 결정하는 요인이 슬로건만은 아니다. 당연히 제품이 중요한 역할을 한다. 모든 마케팅 상황은 제품, 특색, 가격, 유통, 슬로건의 조합이다. 형편없는 제품과 좋은 슬로건으로는 성공할 수 없다. 하지만 뛰어난 제품과 형편없는 슬로건으로도 실패할 수 있다.

초기 무칼로리 감미료 시장에 등장한 제품 중 하나인 사이클라메이트(Cyclamate)는 1970년대에 실시한 동물 실험에서 쥐에 방광암을 일으키는 원인으로 지목되면서 사용이 금지되었다. 대안으로 등장한 것이 사카린이며, 스위트엔 로(Sweet'N Low) 등의 브랜드로 꾸준히 판매되고 있다.

그 뒤를 이어 획기적으로 생산된 것이 이퀄(Equal)과 뉴트라스위트

(NutraSweet)라는 브랜드로 판매되는 아스파탐이다. 아스파탐은 사카린의 씁쓸한 뒷맛을 일부 없앴기 때문에 판매가 급증했다. 이퀄과 뉴트라스위트의 슬로건은 알 수 없다. 사카린보다 훨씬 나은 제품이라는 자신감 때문에 슬로건이 필요하지 않았다.

이런 경우는 흔하다. 획기적인 제품의 경우 슬로건이 없을 수 있다. 제품 자체가 가장 좋은 슬로건이 된다.

현재는 그렇지만, 미래에도 그럴까?

미국에서 수크랄로스(sucralose: 사탕수수, 사탕무 따위의 식물에 들어 있는 이당류의 하나다 - 옮긴이)의 첫 브랜드인 스플렌다(Splenda)를 보자. 스플렌다를 시장으로 끌어들인 수크랄로스의 장점은 무엇인가? 다른 것은 모르겠고, 확실하게 말할 수 있는 것은 아스파탐을 넘어설 만큼 많은 장점은 없었다는 것이다.

그러나 "당으로 만들어 설탕 같은 맛(Made from sugar so it tastes like sugar)"이라는 강력한 슬로건을 가진 스플렌다는 무칼로리 감미료 업계의 선두 기업이 되었다. 한때 스플렌다 브랜드는 49%의 시장 점유율로 17%를 점유한 이퀄을 압도했다.

그다음은 스테비아(Stevia)로, 미국에서 첫 '천연' 무칼로리 감미료로 유명해졌다. 스테비아 브랜드로는 트루비아(Truvia, 코카콜라와 카길)와 퓨어비아(PureVia, 펩시와 메리산트)가 있다.

"칼로리 없는 천연 감미료(Nature's calorie-free sweetener)"라는 트루비아의 슬로건에는 사실이 반영되었지만, 스플렌다의 슬로건 "당으로 만들어 설탕 같은 맛"과 같은 강력한 한 방이 부족했다.

감미료 시장에서는 기존 브랜드와 차별하는 혁신적인 내용을 전달할 수 있어야 한다. 스플렌다가 없었다면 이퀄은 성공한 브랜드로 남았을 것이다(2009년 이퀄의 자회사 메리산트는 파산을 선언했다).

따라서 모든 선도 브랜드는 업계의 판도를 뒤엎을 혁신적인 브랜드의 등장에 맞설 준비를 해야 한다. 슬로건이 별도의 보증을 하지는 않지만, 잠재적 경쟁자로부터 다소나마 브랜드를 보호할 수 있다.

진통제 시장의 경우 1899년에 출시된 바이엘 아스피린(Bayer aspirin)이 오랫동안 선도 기업의 자리를 지켰다(출시 당시 브랜드명은 아스피린이었다). 트레이드마크인 아스피린을 브랜드명으로 사용하지 못하게 된 후, 미국의 소유주들은 브랜드명을 바이엘로 변경했다.

처방전에 의해 조제되던 아세트아미노펜 함유 제제 브랜드인 타이레놀(Tylenol)은 후일 비처방약이 되어 소비자가 처방전 없이 직접 구매하게 되었다.

1975년 타이레놀은 본격적으로 광고를 시작했다. 인쇄 광고의 헤드라인은 "아스피린을 드실 수 없는 수백만을 위해(For the millions who should not take aspirin)"

였고, 설명글에는 "아스피린은 소량의 위장관 출혈을 일으켜 ……

위벽에 자극을 줄 수 있습니다"라고 적혀 있었다.

이 광고 헤드라인은 슬로건으로 사용되었으며, 제품 포장에도 인쇄되었다(좋은 아이디어이기는 한데, 이 아이디어를 활용하는 기업은 드물다). 그러자 바이엘의 소유주인 스털링 제약(Sterling Drug)은 이에 대응해 광고를 했으나, 실수를 하고 말았다. "타이레놀은 아스피린보다 안전하지 않습니다(No, tylenol is not found safer than aspirin)"라는 헤드라인으로 경쟁자를 공격했다. 그리고 나서 언뜻 보기에는 무아스피린 진통제 바이엘 아세트아미노펜을 소개하던 때로 되돌아갔다.

바이엘이 해야 할 선택은 현재 사용하고 있는 슬로건 "놀라운 효능의 놀라운 약(The woder drug that works wonders)"을 택하는 것이었다. 제품 포장지에 짧은 슬로건 "놀라운 약(The woder drug)"을 실었는데, 긴 슬로건만큼 효과를 얻지 못했다. 앞에서 논의한 바와 같이 반복의 힘이 부족했다.

1984년 신약 애드빌(Advil)은 두 경쟁자를 '오래된 약'으로 포지셔닝하면서 등장했다. 아스피린 알약은 '1899년', 타이레놀은 '1955년', 애드빌은 '1984년'으로 표기했다. 이런 이유로 "앞선 진통제(Advanced medicine for pain)"를 지금까지 슬로건으로 사용하고 있다.

애드빌의 좋은 아이디어는 반짝 효과가 있었지만, 2004년 출시된 얼리브(Aleve) 때문에 곧 시들해졌다. 2005년 바이엘은 로치 컨슈머 헬스(Roche Consumer Health)로부터 얼리브를 인수했다.

얼리브는 아이디어를 지속해 포지
셔닝 전략을 펼쳐갔다. 제품 포장지에
"하루 종일 강력하게, 12시간 지속(All-day
strong. Strength to last up to 12 hours)"이라고 인
쇄했다.

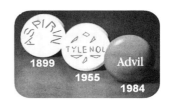

　그러나 광고에서는 일관성이 부족했다. "소량을 복용할 수 있다
면 왜 안 그러겠어요?(If you would take fewer pills, why wouldn't you?)"라는 전형적
인 헤드라인을 내걸었다.

　얼리브는 차별화된 제품이 있었지만, 강력하고 기억에 남을 만한
슬로건 한 방이 필요했다.

　단순하면서 기억에 남는 월마트
(Walmart)의 슬로건을 보자.

언제나 낮은 가격

　'언제나(always)'를 반복해 만든 이
슬로건은 미국 사람들 대부분이 알고
있을 것이다. 월마트는 매장 외벽에
이 슬로건을 붙였다.

　그러나 최근의 슬로건은 "Save money, Live better(돈을 절약해 더 나은
생활을 누리세요)"이다. 월마트의 새 슬로건은 기존 슬로건처럼 네 단어를
사용했지만, 반복도, 두운도, 각운도 사용되지 않았다.

　사실, 이 슬로건은 '비용 절감'과 '더 나은 생활'이라는 두 개 아이
디어로 나뉜다. 인식상 두 개념이 연결되기는 하지만, 시간을 소비해

가며 둘의 관계를 규명하려는 사람은 없다. 두 마리 토끼를 쫓다가는 한 마리도 잡지 못한다.

월마트는 슬로건을 바꾸고 난 후, 경쟁 유통사들에게 시장 점유율을 빼앗겼다. 슬로건을 바꾸었기 때문이라고 단정하기는 어렵지만 월마트가 오랫동안 성공한 것은 "날마다 낮은 가격(Everyday low prices)"을 유통 콘셉트로 삼았기 때문이다.

그러나 유통업체 대부분은 차별화된 전략이 있다. 그들 대부분은 "높은/낮은 가격"이라 불리는 영업 전략을 펼친다. 즉, 정기적인 할인 판매 일정이 있는데 그 광고를 살펴보면 다음과 같다.

블루밍데일스(Bloomingdale's)	**50~75% 할인**
로드앤드테일러(Lord & Taylor)	**최고 80% 할인**
메이시스(Macy's)	**25~60% 할인**

1979년 리틀 시저스(Little Caesars)는 완전히 새로운 전략을 시도했다. '매일 할인 판매'를 콘셉트로 "싼 가격에 커다란 피자 두 판(Two great pizzas for one low price)"을 슬로건으로 삼았다.

레스토랑 요리를 가장 싼 가격에 제공하는 저가 전략을 택했다. 대체로 요리는 최대 25%, 해산물은 최대 50%까지 할인해 판매했다.

1988년까지 리틀 시저스는 미국에서 피자헛(Pizza Hut), 도미노(Domino's)에 이어 3위의 피자 가맹점이었다.

피자헛	32억 4000만 달러
도미노	25억 달러
리틀 시저스	11억 3000만 달러

이듬해인 1989년 리틀 시저스는 그들이 외벽에 쓴, 두 개 단어로 압축된 기억에 남는 슬로건을 사용한 TV 광고를 시작했다.

피자! 피자!

"피자! 피자!(Pizza! Pizza!)"

이 슬로건은 단순한 반복으로 놀랄 만한 성과를 거두었다. 1994년 최고 광고대행사의 제작 감독들로 구성된 《USA 투데이》의 심사위원단은 '올해의 최고 광고 캠페인'으로 리틀 시저스를 호명했다.

뛰어난 마케팅 프로그램에 힘입어, 리틀 시저스는 그해에 미국에서 두 번째로 큰 피자 가맹점이 되었다.

피자헛	54억 달러
리틀 시저스	20억 5000만 달러
도미노	19억 7300만 달러

그다음 해, 미숙한 담당자가 어설픈 캠페인을 시작했다. 미시간주 디트로이트 지역의 테이크아웃 점포 30개를 개조해 '리틀 시저스

이탈리아 주방(Little Caesars Italian Kitchens)'을 만들었다.

피자뿐 아니라 새로운 메뉴로 라자냐, 치킨, 샐러드, 디저트 파이, 파스타(토르텔리니, 펜네, 파르팔레)를 제공했다. 리틀 시저스는 1995년까지 점포가 100개로 늘어날 것으로 기대했지만, 말할 필요 없이 그런 일은 일어나지 않았다.

1996년 리틀 시저스는 배달 서비스를 시작했다. 배달만 하는 이 가맹점은 현재 가정 배달업계의 리더인 도미노와 접전 중이다.

같은 해 리틀 시저스는 '피트 길이로 파는 피자(Pizza by the Foot)'를 출시해, 거의 4피트(약 120cm – 옮긴이)나 되는 피자를 선보였다.

〈안심 비디오(safety video)〉는 '피트 길이로 파는 피자' 가맹점을 위해 창의적으로 고안된 것이다. 손님들은 식당을 나가기 전에 안심 비디오를 시청해야만 했다. 물론 일부 고객만이 그 비디오를 시청했다.

1997년 리틀 시저스는 "빅, 빅, 피자(Big! Big! Pizzas)" 캠페인을 도입했다. 과연 피자는 얼마나 컸는가? 리틀 시저스는 광고에서 "태양보다 크다(Bigger than the sun!)"고 했다.

리틀 시저스의 라지 사이즈 피자는 피자헛, 도미노보다 65% 더 컸으며, 미디엄 사이즈 피자는 77% 더 컸다. 스몰 사이즈 피자는 피자헛과 도미노의 라지 사이즈와 같았다. 좋은 아이디어였지만 그 과정에서 "피자, 피자" 콘셉트는 사라지고 전략은 혼란에 빠졌다.

변화가 진행될 때 리틀 시저스는 전문가로부터 경고를 듣지 못했다.

≪USA 투데이≫에 따르면 "업계 전문가들은 리틀 시저스가 가정 배달을 서비스에 포함해 고가의 설비를 추가하지 않고 사업을 이끌어갈 수 있다"라고 했다. 또 다른 전문가는 "피자 장사는 배달을 하지 않으면 경쟁력이 없다"라고 했다.

마케팅 상식과 일반 상식은 다르다. 일반 상식은 두 번째 슬로건에 무언가를 추가한다. '리틀 시저스는 테이크아웃으로 알려져 있어, 우리는 배달 서비스를 도입할 것이다. 이런 방식으로 두 가지 아이디어를 실행할 것이다.' 그러나 마케팅 상식은 추가하지 않는다.

두 번째 슬로건은 소비자의 머릿속의 기존 슬로건과 충돌을 일으켜 수용이 어렵다. 그리고 기존 성과를 무너뜨린다.

리틀 시저스는 3위로 떨어졌다. 2014년 3대 피자 업체의 매출은 다음과 같다.

피자헛	55억 달러
도미노	41억 1600만 달러
리틀 시저스	34억 500만 달러

현재 리틀 시저스의 슬로건을 아는 사람은 거의 없다. 많은 소비자는 여전히 자신의 머릿속에 남아 있는 "피자, 피자"라는 슬로건을 기억한다.

짧은 슬로건은 피자처럼 저렴한 제품에 적절하지만, 자동차 보험과 같은 고가의 제품에는 부적절하다.

보험회사 게이코(Geico)가 1996년 워런 버핏(Warren Buffett)의 버크셔 해서웨이(Berkshire Hathaway)에 인수되었을 당시에는 자동차 보험시장에서 3% 이하의 점유율을 기록하고 있었다. 현재는 9% 이상으로, 올스테이트(Allstate)와 비등하게 업계 2위에 올라 있다.

어떻게 게이코는 점유율을 세 배나 올릴 수 있었을까?

한 가지 요인은 16년간 지속해온 슬로건 덕분이다.

2012년 워런 버핏은 게이코에 대해 "버크셔의 보험 사업은 지난해에 크게 성공했다. 투자한 비용은 거의 없지만 730억 원의 수익을 올렸다"면서 "게이코를 인수한 것은 축복이었다"라고 말했다.

15분이 당신을 구합니다.
15% 이상 저렴한 자동차 보험료

일반 매장의 할인율이 '50%'인 시대에 게이코의 '15% 할인'이 성공한 이유는 무엇인가?

두 가지 비결이 있다. 첫째, 16년 동안 '15% 할인' 메시지를 광고에서 꾸준히 반복했기 때문이다. 둘째, '15% 할인'을 '15분'의 개념과 연결시켜 메시지를 기억하게 했기 때문이다. 광고 메시지를 오래 반복할수록 더 믿게 된다는 것이 진리다.

시장의 리더 스테이트 팜(State Farm)은 이와 비슷하게 "스테이트 팜,

더 나은 나라로 갑시다(State Farm: Get to a better state)"로 '스테이트'를 반복하는 전략을 사용했다.

스테이트 팜의 슬로건은 무엇이 문제일까?

스테이트는 마케팅 프로그램에서 거의 쓸모없는 추상적인 단어다. 회사명에서 찾을 수 있는 구체적인 단어는 팜(Farm)이 유일했지만, 그들은 이 단어를 슬로건에 사용하지 않았다. 단순하고 구체적인 아이디어를 반복해 강조하면 좋은 결과를 얻는다.

리 아이어코카(Lee Iacocca)는 포드의 훈련 과정을 이수했던 22살의 엔지니어였다. 그는 상사에게 엔지니어보다는 영업직을 하고 싶다고 말했다. 포드 본사에서 아무도 영업을 할 기회를 주지 않자 사표를 내고 펜실베이니아로 가서 포드의 지역 대리점에서 영업을 시작했다. 1956년 리 아이어코카는 훗날 그에게 유명세를 안겨준 계획을 세웠다.

"56년식 포드를 한 달 56달러로('56 Ford for $56 a month)."

1956년식 포드를 매달 56달러를 내고 할부로 살 수 있는 아이디어를 제안했는데, 이 제안이 포드의 임원 로버트 맥나마라(Robert McNamara)의 눈에 띄었다. 그는 이 아이디어를 전국

56년식 포드를 한 달 56달러로

적으로 시행했고, 아이어코카를 본사로 데려왔다.

4년 후 아이어코카는 포드 영업부의 책임자가 되었다.

아이어코카는 현업에서 오랜 경력을 쌓은 후 포드 자동차의 사장

이 되었고, 크라이슬러(Chrysler)의 회장 자리에까지 올랐다. 그는 ≪타임지(Time)≫의 표지 모델로 세 번 선정되기도 했다.

크라이슬러에서 그의 첫 번째 임무는 자사의 새 모델 'K'를 시장에 소개하는 것이었다. 아이어코카는 한 번 더 광고 역사에 기록될 슬로건 "더 나은 자동차가 있다면 그 차를 사십시오(If you can find a better car, buy it)"를 만들었다.

반복을 활용한 또 다른 예는 미국광고협의회와 미국 보건복지부가 공동으로 만든 음주 운전 방지 캠페인이다.

이 캠페인은 슬로건을 '친구가 음주 운전을 하게 내버려두지 마세요(Don't let friends drive drunk)'로 할 수도 있었다. 하지만 그들은 여기에 한 단어를 추가했다. "친구여, 친구가 음주 운전을 하게 내버려두지 말게(Friends don't let friends drive drunk)."

두 개 문구를 비교해보면, 음주 운전으로부터 친구를 '지키는 것'에서 음주 운전으로부터 친구를 지켜 '우정을 증명하는 것'으로 강조 부분이 옮겨간 것을 눈치챌 것이다.

이는 소비자의 행동 의지를 높여줄 뿐 아니라 슬로건을 잘 기억할 수 있게 했다. 성인 90%가 이 슬로건을 기억하는 것으로 조사되었다. 캠페인 결과는 매우 긍정적이었으며, 10년 동안 음주 사건에 의한 교통사고 사망률이 60%에서 45%로 감소했다.

또 다른 좋은 예는 아이제이아 무스타파(Isaiah Mustafa)가 등장한 올드 스파이스(Old Spice) 캠페인의 슬로건 "당신의 남자와 같은 향기가 나는 남자(The man your man could smell like)"이
다. 다르게 표현한다면 '남성의 향기
가 나는 남자(Smell like a man, man)' 정도로
할 수 있을 것이다. 아이제이아 무스
타파는 여러 해 동안 감소하던 올드 스파이스 브랜드의 매출을 되돌
려놓았다.

　최근 올드 스파이스는 디오더런트와 보디워시 이 두 분야에서 시
장 점유율을 높이고 있다.

08

대조법

"세월이 흐르면 뒤꿈치가 아프다(Time wounds all heels)"라는 속담은 "세월이 약이다(Time heals all wounds)"라는 오래된 경구를 뒤집어 표현해 기억에 남는다. 이는 유서 깊고, 재미있는 대조법의 사례다. 'heals'와 'wounds'를 바꾸어 배치했다.

우스갯소리에서 핵심이 되는 구절은 흔히 대조법을 활용한다. 1930년 개봉한 그루초 막스(Groucho Marx)의 영화 〈애니멀 크래커즈 (ANIMAL CRACKERS)〉에 "어느 날 아침 나는 내 잠옷을 걸친 코끼리를 쏘았다(One morning I shot an elephant in my pajamas)"(이는 중의적인 문장으로 '어느 날 아침 나는 잠옷 차림으로 코끼리를 쏘았다'로 해석될 수 있다 ― 옮긴이)라는 대사가 나온다. 핵심은 그다음 대사다. "그가 어떻게 내 잠옷을 입었는지 나는 모른다

(How he got into my pajamas, I don't know)"(앞의 문장이 코끼리가 잠옷을 입었다는 의미임을 보여준다 ─ 옮긴이).

다음은 옛 라디오 프로그램 〈마모스 엔 앤디(Amos 'n' Andy)〉에서 에이머스(Amos)와 킹피시(Kingfish)가 나눈 유명한 대화다.

에이머스	좋은 판단은 어디에서 나옵니까?
킹피시	네, 좋은 판단은 경험으로부터 나옵니다.
에이머스	그러면 경험은 어디에서 나옵니까?
킹피시	잘못된 판단이죠.

널리 알려진 많은 브랜드가 이와 같은 방법을 활용해왔다. 인터넷 식료품 배송 분야를 개척한 웹밴 그룹(Webvan Group)이 실패한 뒤 다른 회사들이 이 시장에 뛰어들었다(웹밴 그룹은 2년 동안 8억 3000만 달러의 손해를 보았다).

프레시 다이렉트(Fresh Direct)는 웹밴 그룹과 같이 전국적인 기업을 꿈꾸는 대신, 대도시인 뉴욕 시장에 초점을 맞춰 활동했다. 목표 집단을 명확히 하는 것은 신규 업체의 매우 중요한 과제다.

프레시 다이렉트도 대조법을 활용해 효과적인 슬로건을 개발했다.

"우리 식품은 신선합니다. 우리 고객은 까다롭습니다(Our food is fresh. Our customers are spoiled)."

그들은 수백만 달러를 쓰지 않고도, 수익을 내기 어려운 사업을 잘 운영해왔다. 현재 프레시 다이렉트는 연매출이 1억 달러를 넘어섰다. 시간 역시 회사 편이다. 경제가 성장하면서 소비자를 대상으로 한 식료품 배달 분야가 급성장하고 있다.

우리 식품은 신선합니다.
우리 고객은 까다롭습니다.

문학에서, 역사에서 가장 기억에 남는 발상은 완전히 반대로 표현하거나 대조법을 강조한 것이다. 존 F. 케네디(John F. Kennedy)의 "국가가 나를 위해 무엇을 해줄 것인가 바라지 말고 내가 국가를 위해 무엇을 할 것인가를 생각하라", 찰스 디킨스(Charles Dickens)의 "그때는 최고의 시간이자 최악의 시간이었다", 로버트 프로스트(Robert Frost)의 "누군가는 세상이 불로 망할 것이라고 하고, 누군가는 얼음으로 망할 것이라고 한다" 등이 그렇다.

최근 찰스 레브슨(Charles Revson)은 로버트 프로스트의 말을 빌려 파이어 앤드 아이스(Fire & Ice)라는 화장품을 만들었고, 이는 곧바로 레블론(Revlon)의 가장 성공적인 제품이 되었다.

세계적으로 가장 잘 알려진 오토바이 동호인들의 모임은 '지옥의 천사(Hells Angels)'다. 이 외에 알고 있는 오토바이 동호회가 있는가?

대조법이 사용된 문구를 듣거나 읽다 보면, 테니스 경기를 보는 것 같다. 대조법은 반대되는 두 개념 사이를 오가며 머릿속에 깊이 박힌다.

"좋은 일을 해도 벌을 받는다"나 정치적인 수사인 "하찮은 사람이라도 폭력의 대상이 될 수 없다", 피터 드러커(Peter Drucker)의 명언 "경영은 자원을 올바르게 사용하는 것이고, 리더십은 옳은 일을 하는 것이다" 등을 예로 들 수 있다.

컨설팅을 할 때, 부딪히는 중요한 문제는 광고주들이 주로 의미 있는 슬로건을 원한다는 것이다. 렉서스의 슬로건 "완벽의 추구(The pursuit of perfection)"는 어떠한 연상도 남기지 않기 때문에 좋은 슬로건이다. 언제나 의미를 쉽게 전달하는 슬로건이 필요한 것은 아니다. 슬로건을 본 사람들은 '좋다. 렉서스가 완벽하다는 것은 알겠다. 그래서 뭐?'라고 생각한다.

가장 기억에 남는 슬로건은 그 자체로 완벽하지 않으며, 잠재 고객들에게 그것이 무엇을 의미하는지 생각하도록 한다.

수년간 사용해온 홀리데이 인(Holiday Inn)의 슬로건 "가장 놀라운 것은 놀랍지 않다는 점이다(The best surprise is no surprise)"를 보자. 대조법을 활용한 홀리데이 인의 슬로건은 상상력을 자극하지만, '놀랍지 않다'가 무엇을 의미하는지 말하지 않는다.

홀리데이 인의 광고문을 읽으면 모든 지점에 에어컨이 설치된 방, 식당, 회의실, 수영장, 휴게실 등이 있다는 것을 재빨리 알아챌 수 있다.

놀랄 것 없다. 홀리데이 인의 밤은 여느 홀리데이 인의 밤과 같다. 이것이 바로 홀리데이 인의 슬로건 "가장 놀라운 것은 놀랍지 않다는 점이다"가 여느 호텔 슬로건과 다르게, 많은 잠재 고객의 기억에 남는 이유다.

힐턴(Hilton), 리츠칼턴(Ritz-Carlton), 하얏트(Hyatt)의 예를 보자.

우리의 무대, 당신의 이야기
Our stage. Your story

당신과 함께 머물게 해주세요
Let us stay with you

환영 그 이상
You're more than welcome

최근 홀리데이 인은 이전 슬로건의 성과를 되찾기 위해 새로운 캠페인을 시작했다. 새로운 슬로건은 "관점의 변화(Changing your view)"다.

TV 광고는 휴식, 여가 활동, 출장 등에 관계없이 호텔에 머무는 고객을 가족처럼 모시는 모습을 보여준다. 기억에 남는 슬로건을 갖추지 못하면 '가족처럼 모신다(treated like family)'는 메시지는 완전히 잊힐 것이다.

광고 슬로건의 90% 이상이 긍정적인 측면을 강조하지만, 부정적인 슬로건이 더 강력한 힘을 발휘할 때도 있다.

구글은 내부에서 긍정적인 슬로건 "좋은 일을 한다(Do Good)"를 써왔지만, 아무도 기억하지 못한다. 그 대신 대조법을 활용한 "악한 짓을 하지 않는다(Do no evil)"는 구글 외부 사람들의 상상력을 자극했다.

최근 통계에 따르면 미국에는 150만 개의 비영리단체가 있으며, 이 단체 대부분은 아주 한정된 예산을 홍보에 사용한다.

대조법과 같은 기억에 남는 기법을 활용해 잠재 기부자의 마음을 얻는 것은 비영리단체가 선택할 수 있는 괜찮은 방법이다.

자폐증 연구와 대중의 인식 개선 활동을 지원하는 '오티즘 스픽스(Autism Speaks)'라는 단체가 있다. 창립 10년 만에 자폐증을 대변하고 연구하는 데 헌신하는 초대형 비영리단체가 되었다.

이제는 들을 시간 _오티즘 스픽스

오티즘 스픽스의 슬로건 "이제는 들을 시간(It's time to listen)"은 대조법을 활용했고, 단체명 '자폐가 말한다(Autism Speaks)'는 중의법을 활용했다. 많은 자폐 아이들이 말을 하지 못하기 때문이다.

퍼즐 조각은 자폐아 문제는 해결되어야 한다는 부모와 보호자의 관점을 반영한 것이다.

새라 리(Sara Lee)는 슬로건을 '누구나 새라 리를 좋아한다(Everybody likes Sara Lee)'라고 할 수도 있었다. 그러나 그것을 대신해 부정적이고 길며, 두서없는 방식을 택했다. "모두가 무언가를 좋아하지는 않지만, 어느 누구도 새라 리를 좋아하지 않는다(Everybody doesn't like something, but nobody doesn't like Sara Lee)." 길고 복잡하지만 유난히 기억에 남는 슬로건이다.

2006년 새라 리는 이 슬로건을 "먹는 즐거움(The joy of eating)"으로 바꾸었다. 긍정적인 이 슬로건은 아무도 기억하지 못한다.

일부 강력한 슬로건의 경우, 출시 당시의 환경을 알기 전까지는 대조법으로 보이지 않는다.

예컨대 '행동하기 전에 생각하라 (thinking before you act)'는 개념은 소비자의 머릿속에 깊숙이 자리 잡고 있다. 그러나 나이키는 대조적인 의미가 담긴 캠페인을 선보였다.

저스트 두 잇!

"저스트 두 잇(Just do it)"은 젊은 층의 단체 구호가 되었다. 나이키는 27년간 이 슬로건을 사용해왔는데, 이렇게 오래 사용한 슬로건은 매우 드물다.

≪애드버타이징 에이지≫는 나이키의 슬로건을 "다이아몬드는 영원히"에 이어, 두 번째 '20세기 슬로건'으로 선정했다.

나이키 광고 캠페인은 ≪애드버타이징 에이지≫ '20세기 100대 캠페인'으로도 선정됐다. 첫 번째 캠페인은 물론 대조법을 이용한 폭스바겐(Volkswagen) 비틀(Beetle)의 광고 헤드라인 "작게 생각하라(Think Small)"다. 이는 다음과 같은 광고를 포함한 캠페인의 주제였다.

비틀은 당신의 집을 커 보이게 합니다
It makes your house look bigger

그리고 연료가 떨어지면, 쉽게 밀 수 있습니다
And if you run out of gas, it's easy to push

수입보다 여유롭게 사십시오
Live below your means

폭스바겐은 216cm의 장신 농구 선수 월트 체임벌린(Wilt Chamberlain)
이 폭스바겐에 승차하는 광고를 내보냈다.

1950년 미국의 자동차 회사들이
'대형차'에 집중하던 그해에 폭스바겐
은 소형차 비틀을 선보였다. "작게 생
각하라"는 대형차를 선호하는 소비자
들을 비꼰 슬로건이었다.

They said it couldn't
be done. It couldn't.

그들은 불가능하다고 말했다,
못할 거라고

보통, 상식에 이의를 제기할 때는
소비자가 다시 생각해보도록 한다. 이것이 바로 폭스바겐 캠페인이
대중에게 나이키의 "저스트 두 잇" 캠페인보다 더 강한 인상을 남긴
이유다.

소비자의 인식과 맞서려면 가벼운 마음으로 접근하는 것이 중요
하다. 너무 심각하면 반대 의견을 가진 소비자들이 바로 마음을 닫아
버린다.

크고 고급스러운 차를 선호하는 소비자일지라도 "수입보다 여유
롭게 사십시오"에 담긴 장점에 동의할 수밖에 없었다.

우리는 고급 음식 테이크아웃 가
맹점 이치스(Eatzi's)에 자사가 대표하는
것을 설명하는 아이디어를 활용하라
고 제안했다.

"요리하지 않는 즐거움(The joy of not

eatZi's

The joy of not cooking

요리하지 않는 즐거움

cooking)"은 1931년 초판이 출간된 이래 1800만 권이 팔린 유명한 책『요리의 즐거움(Joy of cooking)』에 대조법을 적용한 것이다.

몇 가지 이유로, 소매 가맹점들은 그들의 상점에 슬로건을 거의 내걸지 않는다. 그러나 옥외광고를 하는 데는 한 달에 수천 달러씩 지불한다. 옥외광고는 흔히 상점에서 도보로 갈 수 있는 거리에 있다. 이것은 상식적으로 이해되지 않는다. 광고 슬로건에 가장 좋은 위치는 상점의 앞문 위다. 그래야 보행자가 그것을 보고 상점으로 들어온다. 이는 이치스 같은 고급 음식 테이크아웃 가맹점에는 분명 이점이 있지만, 새로운 업종에 새로 등장한 브랜드에는 그렇지 않다.

초기 디오더런트 비누 브랜드 중 하나였던 다이얼(Dial)은, 결국 이 분야의 오랜 선도 브랜드가 되었다. 그러나 "최초의 디오더런트(The first deodorant)"처럼 정직한 메시지는 그저 따분하고, 일부 소비자에게 '누구에게 필요해?'라는 반응을 유발한다.

다이얼 캠페인은 소비자가 브랜드의 혜택과 연관되도록 '대조법'을 활용했다. 하지만 누구도 다이얼이 어떤 향기를 내는지 모른다.

"모두가 그러기를 바라지 않으세요?(Don't you wish everybody did?)"라는 대조법은 소비자들이 다른 사람에게 어떤 향기를 풍기는지 분명히 전달하지 못한다.

불쾌한 냄새를 풍기는 독자가 있

다이얼 비누를 쓰면 즐겁지 않았나요?
모두가 그러기를 바라지 않으세요?

다면 다이얼 비누를 권한다.

'관여(involvement)'는 광고가 성공하는 데 중요한 핵심 요소 중 하나다. 제품뿐 아니라 광고에도 소비자를 관여시켜야 한다. 브랜드를 구축하기 위해 두 가지 모두를 해야 한다.

이를 모두 실천한 브랜드가 클레롤(Clairol)이다. 오래전 많은 여성들은 미용사만이 머리를 염색할 수 있다고 생각했다. 염색 도구 세트는 지저분했고, 염색도 잘 되지 않았다.

클레롤의 전략은 독자가 결정하도록 하는 것이었다.

"그녀가 했을까, …… 안 했을까?

(Does she …… or desn't she?)"

슬로건의 다른 절반은 이 질문에 대한 답이다.

그녀가 했을까 …… 안 했을까?

"염색이 자연스러워 미용사만이 확실히 안다(Hair color so natural only her hairdresser knows for sure)"는 말은 일반인은 그 차이를 알 수 없다는 의미다.

"그녀가 했을까, …… 안 했을까?"는 클레롤을 선도 브랜드로 만들었고, 미용사 없이도 여성들이 염색을 할 수 있음을 확신시켜주었다.

대조법을 이용해 앞서가는 소비자 브랜드로 우뚝 선 또 다른 캠페인은 프랭크 퍼듀(Frank Perdue)가 등장한 치킨 광고였다. 퍼듀는 23년 동안 약 200편의 TV 광고에서 그의 거친 남자(touch man) 콘셉트를 강조했으며, 이 콘셉트 덕분에 퍼듀는 첫 번째 전국 규모의 치킨 브랜드가 되었다. 그가 사망한 2005년 퍼듀 팜스(Perdue Farms)는 치킨 텐더 판매로 28억 달러의 매출을 매년 기록하고 있었다.

거친 남자가 부드러운 치킨을 만듭니다

사람들의 머릿속에 광고 메시지를 전달하기 위해서는 한결같이 특별한 인내심으로 집중해야 한다. 미국흑인대학기금협회(United Negro College Fund, 현재는 UNCF로 알려져 있다)의 사례를 살펴보자. 44년 전 광고 회사 영 앤드 루비컴(Young & Rubicom)과 미국광고협회가 함께 "머리는 버리기 매우 아까운 것이다(A mind is terrible thing to waste)"라는 슬로건을 만들었다. 그 이후 미국흑인대학기금협회는 44년간 30만 명 이상의 학생들이 대학교와 대학원 과정을 거칠 수 있도록 지원했다.

미국광고주협회에는 미국 내 광고 중 상당 부분을 차지하는 522개 기업이 회원으로 가입해 있다.

44년간 아니 22년이라도 지속적으로 사용해온 광고 슬로건이 얼마나 될까? 아마 다섯 손가락으로 헤아릴 수 있다.

대조법 캠페인으로 성공한 또 다른 선도 브랜드는 여성을 대상으로 생산·판매하는 미국 최초의 땀 억제제 디오더런트 시크릿(Secret)이다.

남성에서는 너무 과한, 여성을 위해 만든

많은 광고 슬로건이 잘못된 방식

으로 만들어진다.

광고주와 광고 회사는 소비자 사이에 돌고 있는 아이디어를 찾아내기 위해 조사를 실시한다. 그러고 나서 많은 잠재 고객을 감동시킬 아이디어 개발에 착수한다.

첨단 기술 회사에 고객이 바라는 것은 혁신적인 신제품이다. 그렇기 때문에 회사가 얼마나 혁신적인지를 극적으로 보여주는 슬로건을 필요로 한다.

지난 몇 년간 슬로건에 혁신을 넣은 몇몇 기업을 살펴보자.

애질런트 테크놀로지스 Agilent Technologies	HP 방법의 혁신 Innovating the HP way
아수스 ASUS	영감을 주는 혁신, 끊임없는 완벽 Inspiring innovation. Persistent perfection
보쉬 Bosch	혁신을 이룹니다 We bring innovation
파이어스톤 Firestone	혁신의 전통 A tradition of innovation
포드 Ford	질주하는 미국의 혁신 Driving American innovation
NEC	혁신으로 강화된 Empowered by innovation
닛산 Nissan	흥미로운 혁신 Innovation that excites
지멘스 Simens	혁신의 글로벌 네트워크 Global network of innovation

도시바	선도적인 혁신
Toshiba	Leading innovation

이 중에서 기억에 남는 슬로건이 있는가? 이 회사들의 혁신적인 제품을 구매하도록 영향을 끼친 슬로건은 어느 것인가?

다른 추상적인 개념처럼, 마케팅 메시지로서 혁신은 가치가 없는 단어다. 슬로건은 피부에 가닿아야 한다. 놀라운 방법을 통해 사람들과 접촉해야 한다. 대조법은 그렇게 할 수 있는 방법 중 하나다.

프람(Fram)은 1980년대에 내보낸 TV 광고 시리즈 덕에 유명한 자동차 필터 제조업체가 되었다. 정비공은 "지금 지불하거나 나중에 지불하세요(You can pay me now, or pay me later)"라고 말해, 지금 적은 돈을 들여 엔진오일을 교체할 수도 있고, 나중에 큰돈을 들여 엔진을 교체할 수도 있음을 설명한다.

대조법에 '불완전한' 슬로건을 더한 것은, 왜 그 슬로건이 인상적인지 설명한다. 나중에 무엇을 사란 말인가?

'엔진!'

'아, 나중에 엔진을 사게 된다는 말이구나.'

프람은 '오일 필터를 지금 교환하지 않으면 자동차 엔진을 교체하게 됩니다'라고 직접 말할 수 있다. 의미는 같지만, 그것은 직설적이고, 멍청하고, 재미없는 방식이다. "지금 지불하거나 나중에 지불하세요"는 불완전성과 반복에 대조법을 결합함으로써 훌륭한 슬로건이 되었다.

슬로건을 기억에 남기는 모든 기법 가운데, 대조법은 가장 쉽고 가장 효율적인 방법이다. 다음 사례를 보자.

버거킹	튀기지 않고 구은 Broiling, not frying
크라이슬러	디트로이트에서 수입한 차 Imported from Detroit
레지던스 인 Residence Inn	방이 아닙니다. 주택입니다. It's not a room, it's a residence
세븐업 Seven-Up	콜라가 아닌 The uncola
리세스 피넛 버터 컵 Reese's peanut butter cups	함께 해서 맛있는 두 가지 맛 Two great tastes that taste great together
리노, 네바다 Reno, Nevada	세상에서 가장 큰, 작은 도시 The biggest little city in the world
제니스 Zenith	이름보다 품질을 우선합니다 The quality goes in before the name goes on

쉽게 이해하기 어렵지만 대부분의 아이디어는 대조법을 사용한다. 때로는 그렇게 하기도 한다.

내 영혼의 닭고기 수프(Chicken Soup for the Soul)

144개 출판사에서 거절했지만,
지금은 250개의 제목으로 500만 권 이상 판매되고 있다.

'chicken soup(닭고기 수프)'로 시작해 'soul(영혼)'로 끝낼지 누가 알았겠는가?

대조법에 공감할 때, 그것은 기억되고 충격으로 남는다.

사람들은 무언가를 읽거나 들을 때, 읽거나 듣기를 바라는 것이 아니라 관심을 집중하는 것이다.

09

중의법

대조법에 두 가지 의미가 있듯이, 중의법도 그렇다. 그러나 중의법은 한 단어나 한 문장에 두 의미가 포함된다. "다이아몬드는 영원히(A diamond is forever)"는 사랑을 변함없는 다이아몬드에 비유해 변치 않는 사랑을 의미한다. 결혼 전 동거하는 경우가 늘면서 약혼반지는 결혼 서약만큼 중요해졌다. 여성에게 관계가 지속되고 있는지를 물었을 때 일반적인 답변은 '좋아요, 그런데 아직 반지를 못 받았어요'일 것이다(영국 왕위 계승 서열 2위인 남성은 사파이어 결혼 반지를 줘도 무방하지만, 일반인은 시도하지 않는 편이 낫다).

중의법은 짧고, 간단하며, 기억할 만한 구절에 두 가지 의미를 담을 수 있기 때문에 강력해질 수 있다.

한 통에 1달러도 하지 않는, 모턴 솔트(Morton salt) 같은 저렴한 식품 중에 100년 넘게 지속된 슬로건으로 광고를 하고 있는 회사가 얼마나 될까? 내가 알기로는 없다.

비가 와도 뿌려져요

모턴 솔트의 슬로건 "비가 와도 뿌려져요(When it rains, it pours)"는 1911년, 습기 제거제가 들어 있어 비 오는 날씨에도 소금이 뭉치지 않고 잘 나오는 상황을 극화한 광고에 처음 사용되었다. 첫 광고에 사용한 "우천에도 잘 나옵니다(Even in rainy weather, it flows freely)"에는 중의법의 감성적인 효과가 없었다.

이상하게도 슬로건은 최근 포장에서 사라졌다. 그러나 다섯 번째로 등장한 소녀(실제로는 여섯 번째 모델이다 — 옮긴이)가 메시지를 전달하기 때문에 문제는 없다. 말할 것도 없이 모턴은 소금 업계에서 큰 이윤을 남기는 확실한 1위 기업이다.

중의법은 단어가 쉽게 시각화될 때 더욱 기억에 남는다. 그 예가 쏟아지는 비와 쏟아지는 소금이다.

메릴 린치(Merrill Lynch)는 미국에서 유명한 증권회사다. 메릴 린치가 널리 알려지게 된 것은 1973년 오길비 앤드 매더(Ogilvy & Mather)에서 만든 슬로건 때문이다.

Merrill Lynch is bullish on America.

메릴 린치는 미국에서 상승장입니다

"메릴 린치는 미국에서 상승장입니다(Merrill Lynch is bullish on America)."

황소는 상승장을, 곰은 하락장을 의미하는데, 그 기원은 불분명하지만 20세기 초에 유래된 것으로 보인다.

메릴 린치가 광고 슬로건을 위해 황소 아이디어를 선점하기까지는 수십 년이 걸렸다.

왜 다른 증권사들은 이 아이디어를 사용하지 않았을까?

다른 회사들은 증권회사에 '황소'나 '불리시(bullish: 상승장)'처럼 분명한 아이디어의 사용을 꺼려했다. 그들은 다른 기업들이 전혀 사용하지 않기 때문에 좋은 아이디어가 아니라고 생각했다.

이는 사실이 아니다. 다른 사람에 의해 오랫동안 사용되지 않은 분명한 아이디어는 아주 좋은 아이디어다. 그 이유 또한 분명하다.

분명한 아이디어는 많은 소비자의 머릿속에 이미 들어 있어, 새로움과 차별성을 알리는 데 예산이 많이 들지 않는다.

소비자가 인식하고 있는 것에 대해 권리를 주장하면 된다.

"노동당은 일하지 않는다(Labour isn't working)."

가장 성공적인 정치 슬로건으로 1979년 광고 회사 사치 앤드 사치(Saatchi & Saatchi)가 영국 보수당의 총선 캠페인을 위해 만든 슬로건이다.

이전에 고안된 여느 슬로건보다 아주 간단했지만, 놀랄 만한 성과를 거두었다.

노동당은 일하지 않는다

1979년 선거에서 보수당을 이끌던 마거릿 대처(Margaret Thatcher)는 제임스 캘러핸(James Callahan)이 이끄는 노동당과 경쟁했다.

사치 앤드 사치는 실업자 지원 사무소에 길게 줄지어 기다리는 사람들을 묘사한 옥외광고를 만들었다.

1979년 총선 결과 노동당에서 보수당으로 지지율이 5.2%가 넘어 갔고, 제2차 세계대전 후 총선이 열린 1945년 이래 가장 큰 이동이었다(이는 마거릿 대처와 보수당이 연속으로 승리한 네 번의 총선 중 첫 번째 선거였다). 그런데 노동당의 슬로건은 "더 나은 길(The better way)"이었다.

"더 나은 길"은 회사 슬로건과 정치적 슬로건에 많이 사용되는 평범한 슬로건이다. 지나치게 광범위하고, 포괄적이며, 일반적이다. 머릿속에 강한 인상을 남기려면 무언가 구체적이고, 실재적이며, 단순해야 한다.

가능하면 중의법을 사용하는 것도 좋은 방법이다. "노동당은 일하지 않는다"는 노동당이 제대로 일을 하지 않기 때문에 국민들이 일을 할 수 없다는 이중의 의미가 있다.

제트블루(JetBlue)의 슬로건은 "무엇보다 당신(You above all)"으로, 간단하다. 제트블루가 항공사이기 때문에, 소비자들은 중의법에 함축된 확실한 의미를 알아챌 수 있다.

블랙베리는 과일 이름이자 회사의 브랜드다. 애플도 마찬가지다. 둘은 독특해 좋은 이름이지만, 각각의 과일과 연관되어 얻는 이득은 없다.

반면에 두 단어의 결합으로 혜택을 얻은, 중의법이 활용된 세 개의 브랜드명이 있다.

블록버스터(Blockbuster)는 큰 성공을 거둔 영화라는 의미가 있다. 이런 이유로 블록버스터 영화를 대여하는 소매점 블록버스터 비디오(Blockbuster Video)가 연상된다.

소비자의 머릿속에 '웨어하우스(Wearhouse)'는 저렴한 제품을 판매하는 대형 창고형 매장(Warehouse)으로 인식된다. "멘즈 웨어하우스(Men's Warehouse)"는 저렴한 가격에 남성 의류를 판매하는 초대형 매장이라는 느낌을 전달한다.

사무용품 대형 매장 스테이플스(Staples)는 부수적인 의미가 두 가지 있다. 첫째, 스테이플스는 기본 용품을 뜻한다. 둘째, 스테이플러에 넣어 사용하는 철심을 뜻한다(스테이플스의 로고타이프 'L'은 꺾인 ㄷ 자 철사 침을 상징한다). 이 부수적인 의미는 사무 용품과 스테이플스라는 브랜드명이 연관될 때 떠오른다.

대단한 것은 아니지만, 다음을 고려 해야 한다. 사업을 하는 사람들은 '스테이플스에서 무엇을 살 수 있지'라고 생각하지 않는다. 그 대신 '종이, 펜, 다른 용품이 필요할 때, 이 것을 사려면 어디로 가야 할까'를 생각한다.

'오피스 디포(Office Depot)'는 기차역

스테이플스 로고
블록버스터 비디오/ 스테이플스/
멘즈 웨어하우스

이름으로, '오피스맥스(OfficeMax)'는 스테로이드제 관련 사업으로 들린다. 이런 이유로 스테이플스는 먼저 선택하는 사무용품이 될 수 있었고, 사무용품 분야를 이끌 수 있었다.

2013년 오피스 디포는 오피스맥스를 인수했지만, 1위를 차지하지는 못했다. 지난해 매출(2014)을 살펴보면 다음과 같다.

스테이플스	225억 달러
오피스 디포와 오피스맥스	161억 달러

스테이플스는 1억 3500만 달러의 순이익을 기록한 반면, 합병한 오피스 디포와 오피스맥스는 3억 5400만 달러의 손해를 보았다.

라이프 세이버스(Life Savers)는 중의법을 활용해 혜택을 입은 또 다른 사례다. 100년도 전에 오하이오주의 가렛츠빌 마을에 살던 사탕 제조업자는 초콜릿보다 고온에 잘 녹지 않는 '여름용 사탕'을 개발했다.

이 사탕의 브랜드명은 배에서 떨어진 사람을 구하기 위해 사용하는 구명대에서 착안했다.

라이프 세이버스는 미국의 민트 사탕 중 1등 브랜드로 빠르게 성장했다. 이 사탕은 최근에 구명대와 구명용품을 '라이프 세이버스(life savers)'라고 부르는 이유가 되었다.

브랜드명에 중의법이 활용되면, 이를 반영한 슬로건을 개발해 두 배의 효과를 거둘 수 있다. 다음 사례를 보자.

 타이드가 들어오면, 먼지는 나갑니다
Tide's in, Dirt's out

 트레인을 멈추기 어렵습니다
It's hard to stop a Trane

 디어처럼 달릴 수 없습니다
Nothing runs like a Deere

타이드(Tide)는 중의법을 사용한 이 슬로건을 사용하지 않은 지 수십 년이 되었지만, 트레인(Trane)과 존 디어(John Deere)는 여전히 사용 중이다.

트레인의 슬로건은 21년(2015년 현재), 존 디어의 슬로건은 약 75년(2015년 현재)을 이어오고 있다. 존 디어의 로고마크에 사용된 뛰어오르는 사슴은 더 나이가 많다. 이 로고는 140여 년 전에 처음으로 사용되었다.

중의법은 저렴한 가격을 알리는 데 유용하다. 브랜드가 없는 상품은 저렴함으로 알려지기를 원한다.

사우스웨스트 항공(Southwest Airlines)은 저가임을 알리기 위해 어떤 방법을 취했는가? 그중 한 가지 방법은 다음과 같다.

사람들 대부분은 사우스웨스트 항공에 기내식 서비스가 없다는

것을 알고 있다. 그들은 땅콩만 제공
한다. 'peanuts'는 '몇 푼 안 된다'는
의미로 흔히 쓰는 속어다. 그런 까닭
에 중의법이 성립된다.

SOUTHWEST

땅콩 항공(Fly for peanuts)

　때로 중의법이 브랜드에 부정적
인 영향을 줄 수도 있다.

　수년 전 토요타의 광고 슬로건은 "전진(Moving forward)"이었다. 토요
타는 자사 자동차의 생산 공정을 지속적으로 향상시키겠다는 의지를
슬로건에 담았다. 하지만 슬로건을 문자로만 보면, 소비자로부터 '토
요타 차량에는 후진 기어가 없느냐'라는 질문을 받을 수도 있다.

　반면 스바루(Subaru)는 중의법을 사용한 슬로건 "저렴하다. 그렇게
유지되게 만들었다(Inexpensive and built to stay that way)"를 오랫동안 사용해
강한 인상을 남겼고, 제품의 중요한 혜택도 제대로 알렸다. 그러나 현
재 스바루의 슬로건은 "주행 중의 자신감(Confidence in motion)"이다. 이런
슬로건은 오늘날 흔히 찾아볼 수 있는 틀에 박힌 표현이다.

　이렇듯 슬로건이 짧은 것은 대조법이나 반복 같은 기억에 남길 수
있는 여러 방법을 활용하기 어렵게 하는 태그라인으로 설계되었기
때문이다.

　아주 뛰어난 슬로건들은 기법을 혼용해 효과를 극대화했다.

　로토루터의 슬로건 "하수관 문제를 날려드려요(Away go troubles down
the drain)"는 각운을 활용했고, '문제(troubles)'라는 단어는 중의법을 활용

한 것이었다.

앞서 언급한 홀리데이 인의 슬로건 "가장 놀라운 것은 놀랍지 않다는 점이다(The best surprise is no surprise)"는 반복과 대조법을 사용했다.

지난 역사로부터 아이디어를 얻는 것도 또한 좋은 방법이다. 1898년에 일어난 스페인과 미국의 전쟁에는 전장의 함성은 두 개였다.

"메인호를 기억하자(Remember the Maine)"는 미국 전함 메인호가 침몰되자 쿠바를 침략한 미군의 슬로건이었다. 그리고 "쿠바 리브레!(Cuba Libre: 쿠바에게 자유를!)"는 스페인으로부터 독립하기 위해 투쟁한 쿠바 독립군의 전쟁 슬로건이었다.

미군이 쿠바를 침략할 때, 그들이 좋아하는 청량음료 코카콜라(Coca-Cola)도 함께 유입되었다.

미군들은 그 지역의 바카디 럼과 코카콜라를 섞은 음료에 쿠바 리브레라는 이름을 붙였다. 코카콜라, 바카디, 라임을 섞은 쿠바 리브레는 남미로 전파되어 인기를 끌었다. 이 덕분에 바카디사는 전 세계에서 가장 큰 개인 소유의 가족 경영 기업이 되었다.

1959년 피델 카스트로(Fidel Castro)가 군정을 종식하고 서방국가로는 처음으로 공산주의 국가를 세웠다. 이듬해 사유재산을 금지시킨 피델 카스트로는 바카디의 쿠바 내 자산을 몰수해 국유화해버렸다.

다행히도 바카디는 혁명 몇 년 전, 푸에르토리코와 멕시코에 양조장을 만들었다.

오늘날 바카디는 세계에서 다섯 번째로 잘 팔리는 주류 브랜드가 되었고, 쿠바 리브레로 알려진 럼앤드코크는 가장 대중적인 칵테일이 되었다. 이것이 브랜드에는 크나큰 기회였음을 알 수 있다. 바카디가 과거에 사용한 광고 헤드라인을 보자.

바카디 화이트는 아주 순수해 섞어 마시면 맛있습니다
Bacardi white tastes great mixed because it takes great unmixed

콜라를 따르기 전 한 모금, 바카디 럼
Bacardi rum. Sip it before you add the cola

바카디는 무의미한 광고 대신, 가장 대중적인 음료 럼앤드코크에 더 집중할 수 있었다.

'강점을 강화하라'는 마케팅 분야에서 가장 중요한 원칙이다. 우리가 바카디에 제안할 수 있는 것이 이것이다. 어쩌면 바카디사는 "쿠바 리브레"가 얼마나 강력한 아이디어인지 모를 수도 있다.

쿠바 리브레를 마시자
쿠바가 자유를 찾는 그날을 위해 건배

웹 사이트 TheMost10.com에 따르면 럼앤드코크는 맥주에 이어 두 번째로 인기 있는 주류다(포도주는 8위를 차지했다).

중의법은 두 가지의 서로 다른 지적 관계성에 의해 머릿속에서 시작된다. 연관성이 있으면 있을수록, 아이디어는 더 기억에 남는다. 머리는 두 개념의 관계성을 긴밀하게 하고, 기억을 촉진하면서 두 개념 사이를 계속 오간다.

〈캐슬(Castle)〉이나 〈블루 블러드〉 같은 텔레비전 드라마 제작자는 시청자가 주목하고 재미를 느끼는 다중 플롯의 힘을 잘 알고 있다.

예를 들면, 범죄 수사물은 범죄를 다루면서 경찰 파트너들 사이에 싹트는 사랑 이야기를 곁들일 수 있다. 텔레비전 드라마나 영화의 다중 플롯은 마케팅에서의 중의법과 같다.

포도주 생산자는 다양한 '맛 제조법'의 힘을 안다. 고가의 포도주는 한 가지 맛이 아니라 혼합된 맛이 난다.

다음은 최고의 포도주 세 가지에 대한 대표적인 논평에서 발췌한 것이다.

…… 레몬과 시트로넬라의 아주 흥미로운 향과 함께 감귤, 바닐라, 구운 향기와 풍미가 …….

…… 부드럽고 우아한 틀 위에 블랙베리, 검은 올리브, 체리, 블루베리, 정향이 층층이 …….

…… 다크베리, 자두, 건포도, 체리가 잘 조화된. 삼나무, 돌가루, 양질의 흙 향기가 자아내는 듯한 뒷맛 …….

진저에일, 레모네이드, 오렌지에이드 같은 청량음료는 콜라만큼 대중적이지는 않다.

콜라에 들어가는 대표적인 원료는 캐러멜, 카페인, 설탕, 탄산수, 구연산 또는 인산과 여덟 가지 오일(오렌지, 라임, 레몬, 계피, 육두구, 고수, 라벤더, 등화유) 등이다.

콜라의 풍미는 어떤가? 역시 다양한 맛이 난다. 이것이 콜라가 가장 대중적인 탄산 청량음료인 이유다.

가장 기억에 남는 글귀 중 일부는 중의법을 활용해 오랫동안 회자될 수 있었다.

벤저민 플랭클린	뭉치지 않으면 분명히 지리멸렬할 것이다
엘리너 루스벨트	어제는 역사, 내일은 미스터리, 오늘은 선물이다 이것이 현재를 선물이라고 하는 이유다

≪뉴욕 포스트≫의 악명 높은 기사 제목
HEADLESS BODY IN TOPLESS BAR(스트립 클럽의 머리 없는 몸통)

≪네이션 레스토랑 뉴스≫에 내가 쓴 칼럼
Marketing Matters(마케팅은 중요하다)

또한 사진과 단어 사이에서 재미있는 유추가 가능하다. 사진의 이중시각(double-envision)은 단어의 중의법과 유사하다.

사진에는 대부분 한 가지의 재미 요소가 있다. 단어와 문장도 대개 하나의 의미가 있다.

이중시각은 관심 포인트가 두 가지다.

이 흥미로운 두 가지 요소가 담긴
영화 〈죠스(Jaws)〉의 포스터는 관찰자
의 시선이 수영하는 사람에게서 상어
죠스로 옮겨가도록 만든다. 그리고 다
시 시선을 원점으로 돌리게 한다. 이런 효과를 이중시각법이라 한다.

중의법도 이와 같다. 두 의미를 오가며 머릿속의 전체 인상을 강
하게 남긴다.

같은 방법으로 방금 만난 사람의 이름을 기억할 수 있다. 그의 이
름이 밥(Bob)이라고 해보자. 밥이라고 부르는 또 다른 '밥'이 떠오른다.
그러고 나서 각 이름이 속성과 연결된다.

만약 친한 밥이 키가 크다면 새로 만난 밥은 키가 작다고 기억한
다. 이제 머릿속에서 밥은 중의법이 된다. 키 큰 밥 한 명, 키 작은
밥 한 명.

브랜드명을 정할 때도 중의법은 유용하다.

1994년 제프 베이조스(Jeff Bezos)는 책을 파는 인터넷 사이트를 선
보였다. 원래 이름은 카다브라닷컴(Cadabra.com)이었다. 그러나 커대버
(cadaver: 해부용 시신)와 소리가 너무 유사해 곧바로 이름을 바꾸었다.

제프 베이조스가 중의법을 활용한 아마존닷컴(Amazon.com)을 새로
운 이름으로 선택한 것은 매우 탁월했다.

"지구상 가장 큰 강, 지구상 가장 큰 서점(Earth's biggest river and Earth's

amazon.com

지구상 가장 큰 서점

오늘날 아마존의 주식은 2480억 달러의 가치가 있다. 만약 카다브라라는 이름을 계속 사용했다면 현재 주식의 가치가 어땠을지 궁금하다.

2001년 마크 더피(Mark Duffey)는 혁신적으로 새로운 개념의 '장례 대행' 서비스를 선보였다. 그는 사전에 계획을 세우거나 필요할 때, 생애 마지막 서비스를 제공함으로써 장례식 절차를 단순화하고 능률화했다.

이 장례 대행 서비스에 적합한 브랜드명은 무엇일까?

사람들 대부분은 죽음이라는 말을 명확히 하지 않는다. 누구든 죽는 것이 아니라 멀리 떠날 뿐이다.

그러면 이 장례 대행 회사의 로고마크에 사용된 비주얼 해머는 무엇이었을까?

이번에도 중의법이 이 두 문제를 해결했다.

EVEREST

첫 번째 전국 규모의 장례 계획과
대행 서비스

Everest (에베레스트)나 Ever rest (영원한 휴식)는 브랜드명과 트레이드마크가 되었다.

에베레스트 장례 대행 서비스는 크게 성공했다. 최근 에베레스트는 2500만 명 이상의 고객을 확보했다.

10

슬로건 작성

광고 회사나 마케팅 조직에서 슬로건을 담당하는 직원이 당신에게 브리핑을 한다고 가정해보자.

브랜드명, 가격, 유통, 시장에서의 포지션에 대한 설명을 들었다면 이제 눈길을 끌 슬로건을 만들 순서다. 다음에는 무엇을 해야 할까? 호각을 불고 작전 시간을 가져야 한다.

"모든 것이 정해지기 전까지 아무것도 결정되지 않는다"라는 마케팅 원칙이 있다. 기업은 슬로건을 포함한 통일된 전략을 만들 수 있을 때까지 '누구나 할 수 있는' 마케팅 프로그램의 모든 요소를 고려해야 한다.

브랜드명 자체가 출발점이 된다. 크래프트 푸드 그룹(Kraft Foods Group)

은 3000만 달러의 광고 예산으로 크래
프트 레시피 메이커스(Kraft Recipe Makers)
라고 불리는 요리 초보자를 위한 아홉
개 제품을 소개하기 시작했다.

크래프트 레시피 메이커스는 획기적인 방식으로 치즈를 사용하는 요리법을 도입한 브랜드라는 확신을 소비자에게 심어줄 것이다.

이탈리아식 치킨 카차토레(토마토·양파·향료 등을 넣고 올리브유로 조린 요리다 – 옮긴이)뿐 아니라, 뉴잉글랜드식 팟로스트(앞뒤로 노릇하게 구워 물을 넣고 천천히 익히는 음식이다 – 옮긴이)와 멕시코식 엔칠라다(옥수수 가루를 고추로 맵게 양념한 파이다 – 옮긴이)에 곁들일 조리하지 않아도 되는 소스를 개발했다. 최근에 크래프트 푸드 그룹은 또 다른 요리 초보자를 위한 제품 라인, 크래프트 프레시 테이크(Kraft Fresh Take)를 출시했다.

크래프트 레시피 메이커스의 슬로건은 무엇이었을까?

"Get your chef together." 이 슬로건을 소리 내어 읽어보면 약간 장난스러운 중의법[정신 차려라(Get your shit together)와 요리사의 실력을 따라 잡아라 – 옮긴이]이 있음을 알 수 있다.

광고에 3000만 달러를 투자했지만, 제품 소비자들이 "Get your chef together"와 크래프트 레시피 메이커스를 연관 지을 가능성은 얼마나 있는가?

아주 낮을 것이다. 크래프트가 실시한 몇 차례의 상습적인 제품 확장은 문제가 있었다. 크래프트 프레시 테이크 슬로건 "신선한 요리를 만드세요(You make it fresh)"는 어떤가?

크래프트 프레시 테이크와 같은 이름이 있으면서, 어째서 슬로건에 브랜드명이 전혀 들어가지 않기를 바라는가?

이는 틀에 박힌 생각이다. 이 제품이 선사하는 주요한 혜택은 무엇인가? 이 브랜드의 가장 돋보이는 장점은 초보자도 손쉽게 요리할 수 있다는 것이다. 거기에 초점을 맞춰야 한다.

논리적인 접근이야말로 가장 어리석은 마케팅이다. 효과적인 슬로건은, 어떤 이야기를 전하든 전하지 않든 간에 우선은 기억에 남아야 한다.

실제로 크래프트 레시피 메이커스와 크래프트 프레시 테이크와 같이 확장된 제품군에 맞춰 기억에 남을 슬로건을 만들기는 어렵다. 핵심 단어는 크래프트로, 소비자의 머릿속에서 크래프트는 치즈를 뜻한다. 그러므로 크래프트를 대표하는 효과적인 슬로건을 만들기 위해서는 치즈에 대해 어떤 식으로든 이야기해야 한다. 천연 치즈, 유기농 치즈 또는 뭐든 말해야 한다.

그렇다면 그 아이디어를 어떻게 기억에 남는 말로 바꿀 것인가?

확장된 제품군에 각각의 슬로건을 적용하려고 하는 것은 회사들이 저지르는 또 하나의 잘못이다. 펩시콜라와 다이어트 펩시의 사례를 보자.

다음은 펩시콜라와 다이어트 펩시의 슬로건이다. 소비자들은 이 두 제품을 머릿속에서 분류해 기억할 수 있을까?

마케팅에 혼선을 없애려면 각 브랜드에 하나의 슬로건을 사용하는 것이다. 확장된 제품군에 슬로건을 따로 정하겠다는 생각은 버리는 것이 좋다.

매우 기억에 남는 슬로건은 아니

현재를 즐겨라 /
모든 모금을 사랑하라

지만, 코카콜라의 슬로건 "행복을 여세요(Open happiness)"는 코카콜라와 확장된 제품군인 다이어트 코크를 동일시하게 만들었다. 소비자는 다이어트 코크와 콜라를 다른 브랜드로 생각하지 않는다. 다이어트 코크는 코카콜라에 인공 감미료를 넣었을 뿐이다.

고려해야 할 또 다른 것은 해당 브랜드의 업계 내에서의 위치다. 업계 내에서 선도 브랜드인가, 2등 브랜드인가, 아니면 그 아래인가?

가장 좋은 것은 선도 브랜드가 되는 것인데, 이 경우 소비자의 욕구를 먼저 살펴봐야 한다. 그들은 더 좋은 브랜드를 구매하려 한다. 따라서 ≪컨슈머 리포트(Consumer Reports)≫에서 호의적으로 평가받는 것과 마찬가지로, 미디어와 인터넷에 좋은 이야기가 소개되는 것은 도움이 된다.

그러나 광고에 일방적으로 우수성을 알리는 것은 효과적이지 않다. 마트에서 가장 맛있는 시식용 피자가 반드시 소비자에게 선택되는 것은 아니다. 오랫동안 계속된 광고는 좋은 피자와 좋은 브랜드를 소비자의 머릿속에 남긴다.

여하튼 고객을 확신시키는 데는 업계 대표임을 주장할 필요가 있다. 특정 브랜드가 업계의 리더라면, 소비자들은 그 브랜드가 분명히 더 낫다고 생각한다.

허츠(Hertz), 하인즈, 헬만스와 같은 선도 브랜드가 꾸준히 성공하는 이유다.

해당 업계에서 선도 브랜드가 확실하지 않을 때는 오스카 메이어(Oscar Mayer), 오레오(Oreos), 타이틀리스트(Titleist)가 그랬듯이, 스스로가 브랜드의 리더임을 주장할 필요가 있다.

 미국이 좋아하는 베이컨

 우유가 좋아하는 쿠키

Titleis 넘버원 골프공

업계 대표임을 주장하는 것은 오랫동안 1등 자리를 지킨 브랜드가 대표성을 잃어버린 업종에서 특히 유용하다.

렌터카의 경우 소비자의 90%가 허츠를 업계 리더로 생각한다. 허츠는 1등 렌터카 회사였지만, 현재는 엔터프라이즈(Enterprise)에게 밀려났다.

엔터프라이즈 렌터카(Enterprise Rent-A-Car)는 처음으로 도심 외각에 대리점을 두었다. 도심 외곽과 공항 터미널에서 업무를 볼 때 엔터프라이즈는 허츠보다 편리하다.

엔터프라이즈를 "진정한 자동차 대여업의 리더"라고 인식하는 소비자는 거의 없기 때문에 업계 대표라고 주장하는 것은 관념적이다.

우리는 '초점'이라 불리는 콘셉트에 대한 믿음이 강하다. 초점이 기억에 남는 슬로건을 쉽게 개발하기 때문이다.

시어스(Sears)의 사례를 보자. 모든 것을 판매하는 백화점에 대해 사람들은 무엇을 말할 수 있을까?

다음은 시어스가 그동안 사용한 슬로건이다.

2005년	**합리적인 가격에 행복한 생활** The good life at a great price
2007년	**(좋은 생활이) 시작되는 곳** Where it begins
2009년	**생활, 현명한 소비** Life. Well spent
2014년	**좋은 일이 생기는 곳** Where better happens

이 중에서 기억에 남을 만한 슬로건은 없어 보인다. 그러나 시어스는 자사의 입지가 좁아지기 전에 업계에서 대표성을 확보했다. 시어스는 미국 가전제품 시장의 30%를 차지해 주요 가전 업체 중 1등 브랜드다.

시어스는 몇 개의 건실한 내구 소비재 브랜드를 갖고 있다. 슬로건 "품질 좋은 가전제품을 파는 최고의 판매 업체(The major seller of major appliances)"처럼 시어스는 의류와 침구류를 버렸어야 했다.

시어스에게 유리한 상황은 아니었다. 10년 전 K마트를 인수한 이후 시어스는 4358억 달러 매출에 35억 달러의 손해를 보았다. 게다가 시어스 홀딩스(Sears Holdings)의 연매출은 8년째 감소하고 있었다.

더 심각한 것은 홈 디포(The Home Depot)와 로스(Lowe's) 같은 경쟁사들이 가전제품 시장에서 점유율을 높이고 있는 반면, 시어스는 점유율이 서서히 줄어들고 있다는 점이다.

모든 상황이 불리하게 작용할 때는 대표성을 주장하며 주요 가전 업계로 발을 들여놓는 등 과감하게 행동할 필요가 있다.

사실, 몇 안 되는 기업만이 리더십 슬로건을 사용하며, 그러는 데는 이유가 있다. 시장의 리더들은 과도하게 광고하는 경향이 있다.

광고를 많이 하는 브랜드는 조사를 많이 하는 브랜드다. 그 브랜드를 구매하는 이유가 시장의 리더이기 때문이냐고 소비자들에게 물어보면 대개는 아니라고 대답한다.

누구도 아무 생각 없이 사람들을 따르는 것으로 생각되기를 원치 않는다. 그들은 스스로 구매를 결정하는 독립된 사고의 소유자로 생각되기를 바라며, 다른 사람의 구매를 따라 하지 않는다.

그럼 소비자들은 왜 허츠, 하인즈, 헬만스 같은 브랜드를 구매하는가? 그들은 대체로 "더 좋기 때문"이라고 답한다.

소비자는 본인이 더 낫다고 생각한 제품을 구매한다. 브랜드가 그 업종의 리더라면, 더 좋은 제품이어야 한다. 당신의 브랜드가 더 좋은 브랜드로 인식되기를 바란다면, 소비자에게 더 좋은 브랜드라고 하지 말고 시장의 리더라고 말하라.

물론 대다수의 브랜드는 시장의 리더가 될 수 없다. 그렇다면 등외의 브랜드는 어떻게 시장의 리더와 경쟁할 수 있을까?

시야를 좁혀보자. 마케팅 전략은 전쟁 전략과 같다. 수적으로 많다면, 사령관은 적보다 우세한 지역에 모든 병력을 집중한다.

하나의 특성에 모든 자원을 집중해야 한다.

'주행'에 집중한 BMW는 갑자기 세계적인 고급차 브랜드가 되었다. '안전'에 집중한 볼보(Volvo)는 갑자기 성공한 수입차 브랜드가 되었다. '배송'에 집중한 자포스(Zappos)는 갑자기 선도적인 인터넷 신발 브랜드가 되었다.

모든 속성을 이야기하는 것은 불가능하다. 일반적으로 하나의 속성만 강조해야 한다. 하지만 그 하나의 속성은 어떻게 찾을 수 있을까? 간단한 질문 하나를 해보자.

브랜드가 성장하는 데 방해가 되는 가장 큰 문제는 무엇인가? 물론, 당면한 모든 문제를 말하는 것은 아니다. 브랜드가 모든 것을 말하려 든다면 어떠한 성과도 거둘 수 없다.

BMW의 성장을 가로막는 가장 큰 문제는 바로 메르세데스 벤츠였다.

미국이 독일에서 수입하는 고급차 브랜드로 아우디(Audi)와 벤츠만 있었는데, 세 개가 된 것이다. 자동차 딜러들은 이미 독일의 고급 승용차를 판매하고 있다. 그런데 메르세데스 벤츠 대신 BMW를 판매해야 할 이유는 무엇인가?

두 브랜드를 비교하면, 메르세 데스 벤츠는 크고 안락한 승용차를 만드는 반면, BMW는 작고 날렵한 자동차를 만든다. 이것이 두 브랜드의 커다란 차이점이었다.

크고 편안한 차
Large, comfortable

작고 날렵한 차
Smaller, more-nimble

BMW는 이 차이를 어떻게 극적으로 표현했는가?

1975년 BMW는 자신만만한 헤드라인을 내세운 광고로 주행 캠페인을 시작했다.

"최고의 시팅 머신 대 최고의 드라이빙 머신(The ultimate sitting machine vs. The ultimate driving machine)."

이처럼 하나의 헤드라인에 문제점, 해결책, 슬로건을 모두 담은 경우는 드물다. 놀랍지 않게도 BMW의 슬로건 "최고의 드라이빙 머신"은 30년 이상 지속되었다.

자포스(Zappos)를 보자. 인터넷 신발 사이트의 성장을 가로막는 가장 큰 문제점은 무엇일까?

신발과 같은 제품은 아무리 마음에 들어도 신어보기 전까지는 사지 않는다. 신발이 발에 맞지 않으면, 반송을 해야 한다. 반송 비용은 얼마 되지 않는다. 200달러짜리 여성용 구두는 1파운드(약 1440원 – 옮긴이)가 채 되지 않는다.

몇 달러에 불과한 택배 반송 요금 때문에 소비자는 구매를 꺼린다. 소비자들은 이 비용을 '버리는 돈'이라 생각한다.

"무료 배송, 무료 반송(Free shipping, Both ways)"은 자포스닷컴의 성장을 유지하기 위한 해결 방안이 되었다. 10년 후 자포스닷컴의 웹 사이트는 아마존에 12억 달러에 매각되었다.

슬로건을 만들 때 간과해서는 안 될 한 가지는 브랜드명이다. 효과적인 슬로건을 개발하기 위해서는 상당한 시간을 들여 브랜드명을 바꿀 필요가 있다.

시장에는 크래프트 레시피 메이커스와 같은 브랜드가 너무도 많다. 실제로 크래프트 푸드 그룹은 최근 크래프트 레시피 메이커스의 판매가 부진하자, 이 브랜드를 시장에서 철수시켰다.

먼저 슬로건 제작자들은 관계자들에게 전혀 다른 브랜드명이 필요하다는 사실을 이해시켜야 한다.

브랜드는 일반 명칭이 아닌 브랜드명이 필요하다. 자포스로 이름을 바꾸기 전, 자포스의 원래 이름은 슈사이트(ShoeSite)였다. 자포스는 스페인어로 신발을 뜻하는 사포토스(Zapotos)를 변형한 것이다.

구전이라는 측면에서 슈사이트를 살펴보자. 두 사람의 대화를 상상해보자.

'신발 어디서 샀어?'

'슈사이트.'

'저기, 어느 신발 사이트야?'

때로는 효과적인 브랜드명과 그렇지 않은 브랜드명의 차이가 매우 작아 보인다.

룸즈(Rooms)는 가구 회사의 브랜드명으로 썩 좋은 이름은 아니다. 그러나 룸즈 투 고(Rooms To Go)는 미국에서 대형 가구 회사로 자리 잡았다.

룸즈 투 고처럼 일반적인 단어의 독특한 조합으로 브랜드명을 만들 때는 슬로건을 브랜드명과 연결시켜야만 한다. 그렇지 않으면 소비자는 혼동한다.

룸즈 투 고는 현명한 방법을 택했다.

"하나만 사면 얼마 남지 않지만, 룸을 사면 엄청 남습니다(Buy the piece, save a little. Buy the room, save a lot)."

하나만 사면 얼마 남지 않지만,
룸을 사면 엄청 남습니다

룸즈 투 고는 왜 "하나만 사면 얼마 남지 않습니다"라고 했을까?

이것은 마케팅 메시지를 믿음직하게 만드는 고전적인 방법이다. 부정적인 것을 인정하면 잠재 고객은 긍정적인 인식을 갖는다.

폭스바겐의 몇 년 전 캠페인을 보자. '불량품(lemon)'은 자동차에 대해 말할 때 가장 부정적인 단어다. 그러나 폭스바겐은 새 차 광고에서 작은 결함도 '불량품'으로 처리해 출시하지 않는다는 것을 보여줌으로써 그 단어를 긍정적인 단어로 바꾸었다.

폭스바겐의 1970년 광고는 폭스
바겐 자동차가 얼마나 못생겼는지를
자랑했다.

대부분의 광고 슬로건과 광고는
지나치게 진지하다. 소비자에게 솔직하고, 친근하며, 소탈한 단어로
말하지 않는다. 게다가 브랜드가 아닌 업종을 팔려 한다.

그 좋은 사례가 미국 시장에 처음으로 소개된 그리스 요구르트 파
예(Fage)다. 파예는 초바니(Chobani)가 슈퍼마켓에서 크게 인기를 얻기
9년 전인 1998년에 미국에서 출시되었다.

요구르트 시장의 절반을 차지한 것이 그리스식 요구르트이지만,
1등 브랜드는 파예가 아니라 초바니다.

현재 시장 점유율을 보면 초바니가 47%, 파예가 겨우 14%를 차
지한다.

그리스에서 파예는 초바니보다 25% 이상 높은 시장 점유율을 기
록하고 있다[비바티아(Vivatia)가 2위 브랜드다].

리더가 되기 위해서는 먼저 시장에 진입하는 것이 아니라 소비자
의 마음에 들어가야 한다. 초바니가 출시되기 전에 그리스식 요구르
트에 대해 들어본 적이 있는가? 대부분의 사람들은 들어보지 못했을
것이다.

파예의 포장지를 보자. 토털(Total)이 브랜드명인가?

"파예 토털 그리스 요구르트"는 파예의 제품명이다. 경쟁사 제품 중에 '토털' 그리스 요구르트가 없기 때문에 이 이름을 쓴 것이다. 그렇다면 토털  0%와 토털 2%는 무엇을 의미하는가? 이는 지방 함유량을 말하는데, 전달하는 방식이 잘못되었다.

파예의 접근법은 영역의 법칙(law of category)을 어긴 것이다. 영역의 리더가 되려면 속성(걸쭉하고 크림 같은)을 버리고 대표로서의 자격에 집중해야 한다.

늦었다 생각되는 지금이라도 파예는 리더의 자리에 오를 기회가 있다. 그러기 위해 새로운 슬로건이 필요하다.

파예는 초바니를 앞서기 위해 메르세데스 벤츠와 경쟁한 BMW의 사례를 참조해볼 만하다. 파예는 초바니가 미국에서는 1등 요구르트이지만, 그리스에서는 자사가 1등 요구르트라는 사실을 광고해야 한다. 미국 넘버원 그리스 요구르트 그리스 넘버원 그리스 요구르트

파예처럼 많은 기업들은 시장에서 '포지션'을 정의할 간단하고, 분명하며, 현실적인 아이디어의 사용을 꺼린다. 기업들은 '모든 사람들의 입맛을 맞추는' 데 방해가 되지 않는 부드럽고 모호한 표현을 선호한다.

다음의 10개 슬로건이 어떤 브랜드의 슬로건인지 확인해보자.

전진
Advance

굉장한 것을 기대하라
Expect great things

기술의 진실
Truth in engineering

당신은 소중하니까요
Because you're worth it

연결로 더 나은 생활
Life's better when we're connected

개선을 멈추지 말라
Never stop improving

새로운 생각, 새로운 가능성
New thinking, New possibilities

최고가 아니면 아무것도 아니다
The best or nothing

탁월한 성능
Inspired performance

이제 더욱더 좋아질 거야
Now that's better

브랜드와 슬로건의 짝을 맞추는 것이 쉽지는 않다. 그렇지 않은가?
사람들은 이 슬로건 중 한두 개는 기억하겠지만, 각 브랜드와 슬로건을 연결시키기 어렵다. 기억에 남길 만한 슬로건을 만드는 과정에서 가장 큰 문제가 이것이다. 마케팅 담당자는 자사의 브랜드를 정의할 아이디어를 제안하기 위해 수많은 시간을 고민한다. 그런데도 슬로건을 브랜드와 연결할 생각을 거의 하지 않으며, 그저 광고가 역할을 할 것이라고 생각한다.

제시된 10개 슬로건이 어떻게 하면 더 나아질 수 있는지 살펴보도록 하자.

전진(Advance)

이 슬로건의 유일한 장점은 어큐라(Acura)의 두운을 활용했다는 점이다. 그러나 전진이라는 단어는 어큐라에 대해 많은 정보를 전달하지 못한다(차를 운전하면 전진을 하고 싶을 때도 있고, 후진을 하고 싶을 때도 있다).

어큐라는 소비자의 머릿속에 어큐라 브랜드가 어느 위치에 있는지부터 확인해야 한다. 어큐라는 일본 최초의 고급차 브랜드다. 어큐라는 고급차와 저가 자동차 모두를 어큐라라는 이름으로 판매하는 실수를 범했다. 이 틈을 타 일본의 두 번째 고급차 브랜드 렉서스(Lexus)는 최상의 지위를 만들었다.

여기서 한 가지 타개책은 '현실과 마주하는 것'이다. 모두가 렉서스가 일본의 1등 고급차 브랜드임을 안다.

따라서 대조법을 적용한 슬로건을 사용해 어큐라를 렉서스와 같은 범주에 넣을 수 있다.

'일본의 또 다른 고급차.'

이 슬로건은 두 가지 역할을 한다. 첫째, 렉서스의 잠재 고객에게 어큐라 구매를 고려하도록 하고, 둘째, 어큐라를 어중간한 중형차에서 고급차로 승격시킨다.

일본의 또 다른 고급차 어큐라

어큐라를 위해 '일본 최초의 고급차'는 어떨까? 마케팅 프로그램에서 가장 중요한 것은 대표성 아닌가? 맞는 얘기이지만 렉서스가 이미 시장에 안착한 상황에서 '최초'라는 주장은 어큐라가 최고의 자동차가 아니었음을 인정하는 꼴이 된다.

기술의 진실(Truth in engineering)

모든 표현은 브랜드 경쟁에 관한 무언가를 내포한다. 아우디의 슬로건은 경쟁 브랜드가 진실하지 않다는 것을 암시한다.

독일에는 벤츠, BMW, 아우디 등 세 개의 쟁쟁한 고급차 브랜드가 있다. 소비자들은 아우디가 BMW나 메르세데스 벤츠보다 믿을 만하다고 생각하지 않는다. BMW는 세계에서 가장 많이 팔리는 고급차이고, 벤츠는 고급차 시장에서 명성을 얻고 있기 때문에 특히 더 그렇다. 그러나 놀라운 것은 독일 고급차 시장에서 1등 브랜드는 벤츠이지만, 아우디가 BMW보다 더 많이 팔린다는 사실이다.

물론 미국에서는 아우디가 독일의 경쟁사들을 한참 뒤에서 쫓고 있다. 미국에서 아우디는 벤츠나 BMW의 절반 정도 팔린다.

아우디는 미국 시장을 독일 시장처럼 만들기 위해 "독일에서 더 인기 있는 차(The driving machine preferred in Germany)"라는 슬로건을 만들었다.

독일에서 더 인기 있는 차

아우디의 로고마크(연결된 고리 네 개)는 마치 BMW의 예전 광고처럼 구불구불한 길을 사륜구동의 차가 주행하는 장면을 상징적으로 보여준 TV 광고에서 사용되었다.

이 광고는 BMW가 TV 광고에서 인쇄 광고로 예산을 집중하기 시작하면서 효과를 보았다.

연결로 더 나은 생활(Life's better when we're connected)

누구를 위해 더 나은 생활인가? 뱅크 오브 아메리카(Bank of America)인가, 소비자인가?

이 슬로건은 듣기 좋은 인사말이지만 은행 거래와 가시적으로 연결되지 않기 때문에 잠재 고객의 머릿속을 그냥 스쳐 지나간다. '은행'과 '미국' 등 특정한 두 단어가 있는 브랜드명은 이 둘을 연결하는 것이 더 나은 전략이 될 수 있다.

뱅크 오브 아메리카
미국에서 가장 큰 은행

'미국에서 가장 큰 은행(America's biggest bank).'

대조법은 슬로건과 브랜드명을 연결하기 때문에 특별히 기억에 남는다. 대부분의 광고 슬로건이 지닌 문제는 브랜드명과 슬로건이 따로 논다는 것이다.

몇 년 전 네덜란드의 대형 은행이 미국 시장에 진출했다. 은행의 이름은 'ING'였다.

ING는 네덜란드어로 좋은 브랜드명이었지만, 영어로는 그렇지 않았다. 미국에서 ING는 반쪽짜리 단어다.

이름을 바꾸라고 조언했지만 거절당했다. 그 대안으로 "은행의 마지막 단어 …… ing(The last word in bank …… ing)"를 제안했지만, 이 역시 받아들여지지 않았다. ING는 다양한 노력을 기울였으나 자리를 잡는 데 실패했다. 마침내 ING의 미국 금융 사업은 캐피털 원(Capital One)에 매각되었다.

은행의 마지막 단어 …… ing

새로운 생각, 새로운 가능성(New thinking, New possibilities)

'새로운(New)'이라는 단어가 반복되므로 기억에는 남지만, 현대(Hyundai)와 자동차를 연결시키지는 못한다. 그 대신 컴퓨터와 같은 첨단 기술 제품이 연상된다.

한국의 현대는 성공한 저가 자동차 브랜드다. 그런데 제네시스(Genesis)와 에쿠스(Equus) 모델로 고급화를 꾀하는 실수를 범했다.

내가 볼 때 고급차는 내려놓고 저가에 초점을 맞추는 것이 좋다. 현대가 고급화를 원한다면 토요타의 렉서스나 혼다의 어큐라처럼 새로운 브랜드를 만들어 공략하는 것이 바람직하다.

현대차는 저가 자동차 중 고급 사양으로 언론의 관심을 받았다. 이는 좋은 슬로건이 될 수 있다.

'저가로 만나는 고급차(High-end Luxury at the low end).'

Hyundai와 High-end의 두운, 고급차(high-end)와 저가(low-end)의 대

조법은 현대가 기억에 남는 슬로건을
만드는 데 도움이 될 것이고, 브랜드
에 대한 좋은 평가로 연결된다.

저가로 만나는 고급차

탁월한 성능(Inspired performance)

'어리석은(inane)'은 인피니티(Infiniti)의 슬로건을 가장 잘 평가한, 두
운이 같은 단어다. 탁월함, 신뢰감, 고품질, 저렴한 유지비 같은 일반
적인 표현은 광고 슬로건에 적합하지 않다.

판매 역시 어리석었다(렉서스의 절반에 미치지 못했다). 인피니티는 에이비
스(Avis)가 몇 년 전에 했던 것처럼 해야 했다. 브랜드 자체를 대안으로
제시하라.

물론 어큐라에도 같은 것이 필요하다. 어큐라와 인피니트는 둘
다 같은 슬로건을 사용할 수 있었다. 누구든 먼저 사용하는 기업이 이
아이디어를 선점할 것이다.

'일본의 또 다른 고급차.'

구매자 입장에서 생각해보라. 자
동차, 스마트폰, 시계, 여타의 제품은
'증표'가 된다.

일본의 또 다른 고급차

이 제품들은 친구와 친척에게 자신의 사회적 지위를 알려준다.
인피니티 자동차를 샀다면, 당신은 성공한 상류층으로 인정받기를
원할 것이다.

만약 소비자가 인피니티가 고급차인지 모른다면 어떨까? 그것이 바로 인피니티의 잠재적인 고객들이 걱정하는 점이다. 어쨌든 유료 차선은 렉서스 레인(Lexus lane)이라고 부르지, 인피니티 레인이라 부르지 않는다.

인피니티를 고급차로 자리매김해 고급이라는 증표를 손에 넣게 함으로써 잠재 고객을 안심시킬 수 있다.

또 다른 측면도 있다. 최고의 광고 슬로건은 "관여시키는 것(involving)"이다. "일본의 또 다른 고급차"라는 슬로건은 소비자가 렉서스와 인피니티의 차이점을 발견하도록 부추긴다.

판매를 늘리기 위해서 인피니티가 해야 할 이야기가 바로 렉서스와 인피티니의 차별점이다.

굉장한 것을 기대하라(Expect great things)

두운, 각운, 대조법, 반복, 중의법이 활용되지 않았다. 최소 10년 이상 콜스(Kohl's) 매장에서 쇼핑한 소비자라도 콜스 브랜드의 슬로건을 모른다.

콜스는 어떤 기업인가? 콜스는 유명 디자이너의 의류를 할인된 가격에 판매하는 상점이다. 그러므로 "Killer clothes at painless prices(거품 없는 가격에 의복 싹쓸이)"를 제안한다.

두운 두 개와 대조법 하나(killer와 painless)가 슬로건을 기억나게 할 것이다.

당신은 소중하니까요(Because you're worth it)

프랑스 화장품 회사의 이 슬로건 은 나온 지 43년(2015)이 되었다.

프랑스 1등 화장품

이 슬로건은 로레알(L'Oréal) 화장품 의 높은 가격을 잘 전달하고 정당화하 기 때문에 심리적으로 좋게 들린다.

한 번의 경고가 있다고 슬로건을 바꾸지는 않을 것이다. 그러나 얼마나 많은 여성이 '당신은 소중하니까요'와 로레알을 연결시킬 수 있을까? 만약 그 비율이 적다면 슬로건을 바꿔야 할 것이다. 여기 한 가지 가능성 있는 슬로건이 있다.

'프랑스의 1등 화장품(Leading cosmetic in France).'

미국에서 로레알의 가장 큰 경쟁사는 올레이(Olay)이기 때문에 '프 랑스의 1등 화장품'이라는 슬로건은 두 브랜드 사이의 가장 중요한 차이를 각인시킨다.

개선을 멈추지 말라(Never stop improving)

로스의 슬로건은 내부자들만 공감하는 슬로건이다. 홈 디포와 로 스는 '주택 자재 판매점'이다. "개선을 멈추지 말라"는 "개선"의 콘셉 트를 활용한 중의법이다(개선과 주택 개량을 표현한다 — 옮긴이). 문제는 많은 소 비자가 로스와 홈 디포를 주택 개량 용품 판매점으로 알지 못한다는 것이다.

오직 두 브랜드만이 주택 자재 시장을 장악하고 있을 때, 문제는 분명하다. 1등 브랜드는 리더십을 홍보해야 하지만, 2등 브랜드는 하나의 차이점을 주장해야 한다.

코카콜라는 오래되고 명성 있는 진품 콜라의 대명사로서 "상쾌한 그 맛(The real thing)"을 슬로건으로 한다. 어른들이 코카콜라를 마시기 때문에 펩시콜라는 젊은 층에 초점을 맞춰 "펩시 세대(The Pepsi Generation)"를 슬로건으로 했다.

맥도날드는 손꼽히는 햄버거 가맹점이다. 따라서 버거킹(Burger King)은 햄버거를 조리하는 방법에 초점을 두어 "튀기지 않고 구웠다(Broiling, not frying)"를 슬로건으로 했다.

홈 디포는 복잡하고 남성을 주 대상으로 한다. 로스는 단정하고 깨끗하며 여성을 대상으로 한다. 이를 슬로건에 담을 필요가 있다.

'저렴한 가격으로 더 정돈되고, 깨끗해지는 방법(Low prices the neater, cleaner way).'

소매점은 오늘날 최저 가격으로 제품을 판매하는 온라인 상점의 지속적인 압력을 받고 있다.

저렴한 가격으로 더 정돈되고,
깨끗해지는 방법

로스(Lowe's)와 로(low)는 두운으로 경쟁사인 홈 디포와 온라인 매장에 맞서 로스 가맹점이 낮은 가격으로 포지셔닝하는 데 도움이 된다.

최고가 아니면 아무것도 아니다(The best or nothing)

이 슬로건에는 일종의 우월감이 담겨 있다. 슬로건대로라면, 메르세데스 벤츠 자동차를 살 돈이 없으면 걷거나 자전거를 사야 한다.

게다가 슬로건은 '최고'가 되어야 하는 이유를 설명하지 않는다. 벤츠는 수년 전에 사용한 슬로건 "세상 어디에도 없는 기술(Engineered like no other car in the world)"로 돌아가야 한다. 메르

세상 어디에도 없는 기술

세데스 벤츠는 독일 차로 알려져 있고, 독일은 '기술'로 유명하므로 이 슬로건은 신뢰성이 있으며, 기술은 효과적인 슬로건을 이루는 핵심 요소다. 본질적으로 '기술'을 활용한 슬로건은 소비자에게 벤츠가 왜 최고인지를 말해준다.

이제 더욱더 좋아질 거야(Now that's better)

웬디스(Wendy's)는 맥도날드, 버거킹과 비교되기 때문에 이 슬로건은 이해가 된다. 이 가맹점은 다른 두 브랜드보다 '한 수 위(a cut above)'라는 인식을 만들어냈다.

"이제 더욱더 좋아질 거야"는 아이의 상처에 밴드를 붙여준 뒤 하는 말처럼 들린다. 왜 직접적으로 말하지 않는가?

'다른 브랜드보다 한 수 위(A cut above the others).'

이 슬로건은 지금과 같은 패스트푸드 환경에 특히 효과적이다.

가장 새로운 아이디어 가운데 하나는 파이브 가이스(Five Guys), 스매시버거(Smashburger), 쉐이크 쉑(Shake Shack) 등 수많은 버거 가맹점이 사용하는 '더 좋은 버거(better burger)'다.

다른 브랜드보다 한 수 위

이 가맹점들은 '더 좋은 버거'의 이점을 가르쳐준다. 하지만 파이브 가이스와 스매시버거에는 불리한 면이 있다. 두 가맹점은 다른 세 전통 햄버거 가맹점보다 조리 시간이 더 길고 가격이 비싸다.

그래서 '다른 브랜드보다 한 수 위'라는 발상은 소비자들이 맥도날드와 버거킹에서 웬디스로 옮겨오도록 부추긴다.

물론 '한 수 위'로 번역된 'A cut'은 중의법이 사용된 것으로, 고기한 점과 시장에서의 위치를 의미한다.

한 가지 더: 비주얼

하지만 고려해야 할 것이 하나 더 있다. 비주얼은 슬로건을 전달하는 데 도움을 준다. 강력한 슬로건은 슬로건과 비주얼, 둘 다 필요하다.

11

비주얼 해머

슬로건을 만드는 것은 전쟁의 절
반에 불과하다. 나머지 절반은 잠재
고객의 머릿속에 슬로건을 자리 잡게
하는 시각적인 요소다.

컨투어병은 콜라를 마시는 사람의 머릿속에 "상쾌한 그 맛"을 남
기도록 돕는다.

카우보이는 흡연자의 머릿속에 말보로의 '남성성'을 새긴다.

빨대가 꽂힌 오렌지는 트로피카나의 잠재 고객의 머리에 '농축하지
않은'이라는 메시지를 심어준다.

BMW의 슬로건 "최고의 드라이빙 머신"조차 비주얼 해머가 없었

다면 성공하지 못했다.

BMW의 비주얼 해머는 무엇이었을까? 그것은 행복한 표정을 한 운전자가 BMW를 타고 굽이진 길을 지나가는 장면을 보여준 광고였다. 수년 동안 멋지고 울창하고 꾸불꾸불한 길을 질주하는 아름다운 자동차를 보여주는 광고가 매우 많았다. 지금도 많은 자동차 광고에서 비슷한 이미지를 볼 수 있다.

비주얼 해머는 훌륭하지만, 못이 없다. 방법은 비주얼 해머와 언어적 못의 적절한 조화를 찾는 것이다. 이 두 가지가 어우러지면 BMW의 경우처럼 잠재적으로 강력한 슬로건을 갖게 된다.

거의 모든 브랜드가 언어로 된 슬로건은 있지만, 비주얼 해머는 몇몇 브랜드만 갖고 있다. 이것은 광고가 시각 중심의 직업이라는 사실에도 불구하고 진실이다. 공자의 유명한 속담 "백문불여일견(百聞不如一見)"은 광고업계에서 끊임없이 인용되어왔다. 가상의 모든 광고 캠페인이 주로 시각적으로 구성되지만, 소수만이 해머로서 자격을 인정받는다.

비주얼 해머란 무엇인가? 소비자의 마음에 언어적 못을 망치질하는 시각적 장치다.

한 가지 궁금한 점은 단어와 그림 중 어떤 것이 더 중요한가?

이 질문은 집을 지을 때, 못과 해머 중 어떤 것이 더 중요한지 묻는 것과 같다. 둘 다 함께 쓰여야 한다.

말보로의 성공은 비주얼과 언어의 적절한 조화가 얼마나 강력한 힘을 발휘하는지 보여준다. 1953년 미국 시장에 선보인 말보로는 마침내 세계에서 가장 많이 팔린 담배 브랜드가 되었다.

와우! 말보로 카우보이가 매우 강력했음은 틀림없지만, 전적으로 사실이라고는 할 수 없다. 이는 광고에 의한 효과가 아니라, 말보로의 카우보이가 비주얼 해머였기 때문이다.

해머로서 카우보이가 무엇을 했는가? 말보로가 소개된 그해에 모든 담배는 남성과 여성 모두를 목표로 하는 남녀 공용의 브랜드였다.

말보로는 오로지 남성에게만 초점을 맞춘 첫 번째 브랜드이자 '남성적인' 담배로 여겨졌다(60여 년 동안 말보로 광고에는 여성이 등장하지 않았다).

카우보이는 흡연자의 머릿속에 '남성성'을 각인하도록 설계된 해머로, 강력한 말보로 브랜드를 구축하는 시각적·언어적 조합이었다.

효과를 위해서 비주얼 해머 역시 '충격'적인 요소가 필요하다.

출시되었을 때, 말보로 카우보이는 우아한 차림의 남녀가 경쟁 브랜드의 담배를 피우는 모습과 차별화되었다.

누군가가 좋은 그림이란 차렷 자세로 질서정연하게 한 줄로 도열한 해병대와 같다고 했다. 그러나 뛰어난 그림은 해병대가 한 줄로 도열한 가운데 한 대원의 어깨 위에 비둘기가 앉은 그림일지 모른다.

비둘기가 보는 사람의 이목을 끌 만큼 충격을 주는 것처럼, 같은 식으로 병 위의 라임은 코로나(Corona)를 미국에서 가장 많이 팔리는 수

입 맥주로 만들 만큼 충격적이었다.
모든 코로나 광고 캠페인은 병 위의 라
임을 중심으로 만들어졌다.

비주얼은 단어가 할 수 없는 감성
적인 효과를 준다.

트로피카나가 오렌지에 빨대를 꽂은 비주얼을 사용하지 않자 소
비자들은 즉각적이고 날카롭게 반응하며, 원래의 포장 디자인으로
돌아가라고 압박했다.

반면 트로피카나가 슬로건을 "농축하지 않은(Not from concentrate)"에
서 "압착(Squeeze)"으로 바꾸었지만, 슬로건에 대해서는 아무도 항의하
지 않았다. 슬로건을 바꾸면 소비자는 무시하지만, 비주얼을 바꾸면
불평을 쏟아낸다.

주위를 살펴보면 많은 비주얼 해
머를 찾을 수 있다. 보라색 알약 덕분
에 넥시움(Nexium)은 지난해(2014) 62억
달러의 판매를 기록해 미국에서 세 번
째로 잘 팔리는 처방약이 되었다.

랄프 로렌(Ralph Lauren)은 폴로 선수 그림으로 지난해(2014)에 69억 달
러를 판매해 미국의 대형 패션 브랜드가 되었다.

오리 캠페인 전에 아플락(Aflac)의 인지도는 12%에 불과했지만, 현
재는 94%로 높아졌다. 이를 비롯한 여타의 비주얼 해머와 언어적 못

의 조합은 강력한 브랜드를 만든다.

그러나 오늘날에도 많은 슬로건이 서타 매트리스(Serta mattresses)의 슬로건과 비슷하다. 회의실에서는 통할지 모르지만 소비자의 머릿속에서는 통하지 않는다.

"우리는 세계 최고의 매트리스를 만듭니다(We make the world's best mattress)."

각운도, 두운도, 반복도, 대조법도, 중의법도 없다.

우리는 세계 최고의 매트리스를 만듭니다

또한 서타는 비주얼 해머도 없다. 결과적으로 이 슬로건은 기억을 남기지도, 신뢰감을 주지도 못한다.

기억에 남는 슬로건을 만들 더 좋은 방법은 분명히 있다.

이 책에서 그 방법을 찾아내기 바란다.

지은이
•
로라 리스(Laura Ries)

로라 리스는 손꼽히는 마케팅 전략가이자 베스트셀러 작가이며, TV에 출연하는 유명인사다. 포지셔닝 개념의 개척자인 아버지 앨 리스(Al Ries)와 함께 전 세계 기업을 상대로 컨설팅 활동을 하고 있다. 또한 『브랜딩 불변의 법칙(The 22 Immutable Laws of Branding)』(1998), 『11가지 불변의 법칙: 알리스의 인터넷 브랜딩(The 11 Immutable Laws of Internet Branding)』(2000), 『마케팅 반란(The Fall of Advertising & the Rise of PR)』(2002), 『브랜드 창조의 법칙(The Origin of Brands)』(2004), 『경영자 VS 마케터: 화성에서 온 경영자 금성에서 온 마케터, 그 시각차와 해법(War in the Boardroom)』(2009) 등 마케팅 분야의 베스트셀러 다섯 권을 공동으로 집필했다.

『시장을 움직이는 비주얼 해머(Visual Hammer)』는 첫 번째 단독 저술로 중국, 러시아, 터키, 폴란드, 독일에서 출간되었다. 이 책 『소비자를 사로잡는 슬로건(Battlecry)』은 기업의 슬로건과 태그라인의 효율성을 높여주는 다섯 가지 전략을 소개해 『시장을 움직이는 비주얼 해머』를 보완한다.

본업인 컨설팅 외에 〈오라일리 팩터(O'Reilly Factor)〉, 〈스쿼크 박스(Squawk Box)〉 등 주요 텔레비전 프로그램에 게스트로 자주 출연하며, 폭스 뉴스(Fox News), 폭스 비즈니스(Fox Business), CNBC, CNN, HLN에도 정기적으로 출연하고 있다. 그녀는 AP(Associated Press), 블룸버그(Bloomberg), ≪월스트리트 저널(The Wall Street Journal)≫에서 자주 인용된다. 현재 조지아주 애틀랜타에 거주하면서 승마, 수영, 스키, 철인 3종 경기 등 다양한 활동을 즐기고 있다.

로라 리스의 웹 사이트 주소: www.LauraRies.com

회사 홈페이지 주소: www.Ries.com

옮긴이
·
이희복

광고 회사 MBC애드컴, 오리콤, FCB한인, 진애드에서 광고 캠페인을 진행했으며, 경주대학교 교수를 거쳐, 지금은 상지대학교 미디어영상광고학부 광고홍보 전공교수로 있다. 한국광고PR실학회 ≪광고PR실학연구≫ 편집위원장으로 있으며, 한국광고학회 편집위원을 겸하고 있다. 한국광고홍보학회 감사이며, 대한적십자사 홍보 자문교수, 한국광고자율심의기구 심의위원, 행정안전부 자문위원, 한국건강기능식품협회 자문위원, 보건복지부 혈액증진위원으로 있다. 캘리포니아 주립대학교(풀러턴) 방문교수, 한국광고PR실학회 회장, 공익광고위원회 위원, 대한민국광고대상 심사위원장(TV 영상)을 역임하면서 인턴십과 공모전 등 광고홍보의 현장과 학교를 잇는 데 힘을 보태왔다.

한국외국어대학교에서 신문방송학 학사와 석사 학위를, 경희대학교에서 광고PR을 전공해 언론학 박사 학위를 받았다. 주요 연구 분야는 광고산업과 정책, 광고카피(슬로건), 도시 브랜드, 광고 활용 교육 등이며, ≪광고학연구≫, ≪광고연구≫, ≪한국광고홍보학보≫, ≪커뮤니케이션학 연구≫ 등 저널에 논문을 발표해왔다. 『브랜딩 텔레비전』(공역, 2014) 등의 역서와 『미디어 스마트』(공저, 2013), 『소셜 미디어 시대의 광고』(공저, 2015), 『광고활용교육』(2016), 『도시 브랜드 슬로건 전략』(2017), 『설득의 수사학 슬로건』(2017) 등의 저서를 출간했다.

광고는 '창의력으로 문제를 해결하는 설득'이라는 믿음이 있다.

이메일 주소: boccaccio@hanmail.net

페이스북 주소: www.facebook.com/leeheebok

소비자를 사로잡는 슬로건

지은이 로라 리스
옮긴이 이희복
펴낸이 김종수
펴낸곳 한울엠플러스(주)
편 집 박준혁·최진희

초판 1쇄 인쇄 2018년 6월 20일
초판 1쇄 발행 2018년 6월 29일

주소 10881 경기도 파주시 광인사길 153 한울시소빌딩 3층
전화 031-955-0655
팩스 031-955-0656
홈페이지 www.hanulmplus.kr
등록번호 제406-2015-000143호

Printed in Korea.
ISBN 978-89-460-6488-1 03320(양장)
       978-89-460-6489-8 03320(학생판)